JN087336

AIの未来予想

2080年代のAIと企業経営

経営コンサルタント

今井 豊治

現代書林

はじめに

生成 AI の議論の発端となった ChatGPT の出現

チャット感覚で質問への答えが返ってくる対話型 AI、ChatGPT は 2022 年 11 月末に登場するや、2 カ月で 1 億人を超えるアクティブユーザーを獲得した。これは、ウェブサイト上で動作するアプリとしては史上最速の普及スピードだったという。

ChatGPT が "大ブーム" といっていい急速な普及をみせたのは、人間が書いたものと区別がつかないほど自然な文章を生成することが理由のひとつだ。これまでにも文章を生成する AI は存在したが、どこかしっくりしないところがあった。しかし、ChatGPT は段違いに自然な文章を生成し、しかも質問の仕方によっては有能な秘書といってもいいクオリティーの受け答えなのである。

これが無料でも利用できるということで大きな反響を呼び、それに対し、まず IT 業界が敏感に反応した。たとえば、米マイクロソフトは 2023 年 1 月に ChatGPT の開発元である OpenAI への出資を発表している。具体的な金額は未公表だが、関係者の証言として複数年で合計 100 億ドルの出資になると一部メディアは報じている。なお、マイクロソフトはすでに 2019 年と 2021 年にも OpenAI へ出資している。

また、IT 分野以外の企業も続々と、ChatGPT やそれを支えている技術を業務へ導入することを表明した。ビジネス誌の多くで ChatGPT の特集が組まれ、入門書の類の出版も相次いだ。

　こうした状況は行政レベルへも波及し、各国政府は ChatGPT をどう捉えるかについて方針を表明している。日本でも 2023 年 4 月、岸田文雄首相が OpenAI のサム・アルトマン CEO と面会したことが話題となった。

「この内容で公開してしまうの……!?」

　だが、ChatGPT のアルゴリズム（処理手順）を解説する記事を読んだとき、私は「この内容で公開してしまうの……!?」と正直驚いた。おそらく、コンピュータのソフトウェアプログラムのロジックを知り、実際にプログラムを書いたことのある人なら同じように感じたと思う。

　ChatGPT の出現が AI の発展過程において重要な通過点になるのは間違いない。しかし、今回公開された ChatGPT は ChatGPT のアルゴリズムの解説に照らすと、解を求める際、問い合わせに対して、現実にそぐわない結果をもっともらしく出すケースもあるという意味で未完成のまま公開された技術という印象は拭えず、ブームが沈静化した後には、完成度の低い機能に関して、何らかの動きがあると感じた。

　その一方で、ChatGPT の出現をきっかけとして世間一般の

AIへの関心が高まったことを見て、「ブーム後も続いていくAIのさらなる進化について語りたい」という思いが私の中に生まれた。つまり、「ChatGPTの出現をきっかけとして、その後のAIの進化を予想する本」を著したいと考えたのだ。

　AIの未来を予想するには今日<ruby>（こんにち）</ruby>までに到った過去からの発展の歴史を振り返る必要がある。なぜなら、今日の姿は昨日まで、即ち過去の歩みを因とした結果にほかならず、同様に、何十年か先の姿も過去からの歩みに今日からの歩みを加え、それを因として、その延長線上で結果としてもたらされるからである。

　私が社会に出て最初に就いた職業はコンピュータプログラマーである。中小の金融機関のコンピュータ室に勤務し、毎日アメリカ製コンピュータ上で動く金融システムのプログラムを書いていた。1970年代半ばのことである。その後、1980年代半ばには独立系の中堅ソフトハウスで約1年半、国産コンピュータで作動する生産管理システムのプログラミングに携わった。最初の金融システム約3年、その後を加えると通算4年半のプログラミング経験がある。

　プログラマー後、システムエンジニア(SE)、システム開発のプロジェクトマネージャー(プロマネ)、マーケティング系システムなどのシステム企画・設計をするシステムコンサルタント（システムコンサル）や経営情報系システムの情報化戦略を策定するITコンサルタント(ITコンサル)などを経て、現在、経営コンサルタントとして顧問業を営んでいる。この間、大学

で学んでいた時期や渡英していた時期、それに身内の中小企業を経営していた時期などもあるが、今日まで約50年間、何らかの形でコンピュータと共に歩んできた。

　私は自らの経営コンサルティング業務の一環で、具体例を挙げるなら、増販増客や拡販目的のデータベースマーケティングなどでは必須アイテムになるが、経営課題を解決する方法論としてIT（IT：information technology、情報技術）を手段に据え、顧問先企業の経営改善を推し進めてきた経験をもつ。

　本書では、このようなプログラマーを皮切りに、現在の経営コンサルタントに至るまでITとAIの歴史を見てきた私の経験をベースにして、私が出発点と考え設定した過去のAIの起点から、この先未来に向かって私が考えるAIの最終的な到達点までの期間、それは今日を境にして前後それぞれ約60年で計約120年間と、併せてその設定した起点から到達点までの通過点で、ちょうど中間点にあたる現在のChatGPTの出現により関心が高まったAIの現状について俯瞰してみたい。

50年前から望んでいたハードウェア環境

　ChatGPTはAI、特に生成AIと呼ばれる技術において、現在、差別的優位性をもってその存在を示しているという点では注目に値する。しかし、騒ぎすぎ、過大評価という印象は正直否めない。

　そもそも対話型 AI は、2010 年代前半に登場し、何社かで商品化されているスマートスピーカー（AI スピーカと同義）、具体的には iPhone 搭載の Siri などにおいて、すでにそれなりのクオリティーに達していた。そして、2022 年には画像生成 AI の劇的なクオリティー向上により、生成 AI（Generative AI）への注目が集まる。対話形式で文章を生成する ChatGPT は、その生成 AI のひとつとして位置付けられている。

　だが、こうした近年の AI 技術が登場するずっと以前から、ChatGPT のような AI の出現は予想されていた。その予想されていたことが実現した背景には、ハードウェア環境の飛躍的な発展があるのだ。私も 1970 年代のプログラマー時代には、ChatGPT が動作しているようなハードウェア環境を思い描き、「いつかハードウェア制約のない開発環境が実現するといいな！」と望んでいたことを思い出す。これは私だけでなく、コンピュータに深く関わったことのある者であれば誰もが同様の思いを描いていたことだろう。

　しかし、それとは逆の意味合いになるが、AI とりわけ ChatGPT は外側からブラックボックスとして見たとき、何かすごいことをやっていると感じるだろうが、内側の全体構成やシステム設計思想、すなわちコンピュータシステムのアーキテクチャはコンピュータが発明されて以来、いかにコンピュータサイエンスが進歩しようとも基本的には何ら変わっていない。

　では、昔と今で何が違うかというと、圧倒的な大容量のデー

タを、低コストでかつ、迅速に処理できるようになった点である。それを可能にしたのが、集積回路にまつわるさまざまな技術の進化なのである。

現在の AI を可能にした集積回路の進化

　集積回路とは、コンピュータやスマートフォンの計算処理を行う CPU（中央演算処理装置、プロセッサーとも）や、プログラムやデータを記憶するメモリ（記憶装置）などの総称である。

　集積回路は、半導体の表面に微細な電子回路を集積して形成した電子部品であり、1950 年代にその概念と最初期の回路が開発されて以来、急速なスピードでその集積度が増大していった。"集積度"とは端的に言えば、ひとつの集積回路の中に形成された回路の数のことである。

　私が 1970 年代半ばに金融機関でプログラマーとして働いていた当時、民間で使われていたメインフレームと呼ばれていた大型汎用コンピュータのメインメモリは 32 キロバイトから 64 キロバイト、かなり大型の機種でも 128 キロバイトほどしかなかった。

　一方、現在の一般的なスマートフォンのメインメモリは 8 ギガバイトほどである。単位が違うので分かりにくいが、8 ギガバイトは 128 キロバイトの 6 万 5536 倍にあたる。つまり、

メインメモリだけで比較すると、50年ほど前の大型汎用コンピュータ約6万5000台分が小さなスマートフォンに詰まっていることになる。

この一例をとってみても、集積回路における集積度が途方もないスピードで進化してきたことが分かる。そして、その集積回路の成長のスピードを表わした代表的な指標が、CPU製造の大手である米インテルの創業者のひとり、ゴードン・ムーアが提唱した「ムーアの法則」である。

AIの歴史を俯瞰する大局観を

本書ではこのムーアの法則をストーリーの主軸に据え、AIの起点からChatGPTが出現した現在までの流れを整理し、そこからさらにAIの近未来へ、そして進化の到達点までを描き出す。必然的に、生成AIの議論の発端でブームの途上にあるChatGPTについても相応の紙幅を割くことになるが、しかし、本題はそこではない。

本書のメインテーマはAIの進化のありようと、それにより逆に退化していく事象、そしてAIがいかに進化しようともなお不変であり続ける事象を語ることにある。

今後、世の中のChatGPTへの熱が冷めたとしてもAIの進化はとどまることはなく、ビジネスの世界におけるAIの重要性はますます高まることに議論の余地はない。だからこそ、目

先のあふれる AI 関連の情報に踊らされるのではなく、AI の歴史を俯瞰的に見据え、大局観をもって ChatGPT をはじめとする生成 AI へ向き合うべきであり、まさにそれが本書の伝えたいメッセージである。

　そうしたコンセプトから、AI や IT に直接関わる人ばかりでなく、経営者や管理者、それに経営をサポートする立場の方、加えて、半導体産業の再起が叫ばれる中、その技術の担い手として期待される特に将来ある高等専門学校（高専）の学生さんなどに副読本にしていただくなど、この本を手にされた方々に AI 時代の道しるべの一冊として活用していただければ幸甚である。

　2023 年 11 月 30 日

経営コンサルタント　今井豊治

『AI の未来予想』目次

第 1 章
10 分で振り返る ChatGPT 現象

第2章
AI と集積回路の進化の歴史

第 3 章
AI の現在位置としての ChatGPT

第 **4** 章

AI の近未来予想

第5章
AI は経営をどう変えるか

第6章
集積回路と AI の進化の到達点

10 分で振り返る ChatGPT 現象

10 秒で分かる第 1 章のポイント

- ChatGPT は 2022 年 11 月末に登場、IT 業界で大きな話題に。

- 日本政府は導入に前向き。企業や行政が業務に取り入れる動きも。

- マイクロソフト製品が ChatGPT の仕組みを新機能として導入。

沸き立つIT業界

　AIの起点からの歴史を振り返る前に本章でまず、"ChatGPT現象"ともいえるChatGPTのブームをおさらいしておこう。

　ChatGPTは2022年11月末に登場し、5日間で100万ユーザーを突破し、2カ月後には1億人超のアクティブユーザーを獲得した。IT業界はChatGPTをはじめとする対話型AIの話題で沸き立ち、米マイクロソフト創業者のビル・ゲイツは自身のブログで、「産業全体がAIを中心に方向転換する。企業はその使い方次第で差別化を図ることができる」との発言があった。また、米グーグルのCEO、スンダー・ピチャイは、「正解がひとつでない問題に対して、深い考察を取りまとめてくれる」と最新の対話型AIを評価した。

　さらに、米IBMの会長兼CEO、アービンド・クリシュナが金融情報の通信社ブルームバーグの取材に対し、同社の間接部門の従業員の30%を今後5年間のうちにAIと自動化によって代替できるという考えを表明したほか、米テスラ、X（旧ツイッターを吸収合併）CEOのイーロン・マスクは「ChatGPTは恐ろしいくらいにすごい」と述べている。

マイクロソフト vs. グーグル

　騒然とするIT業界において、対話型AIを巡るマイクロソ

2022年 ○ **11月末**
OpenAI が「ChatGPT」を公開し 5 日で 100 万ユーザーを突破

2023年 ○ **1月23日**
マイクロソフトが OpenAI への数十億ドルの追加出資を発表

○ **2月6日**
グーグルが対話型 AI サービス「Bard（バード）」のテスト公開を開始

○ **2月7日**
マイクロソフトが検索サービス「Bing（ビング）」と
ブラウザ「Edge（エッジ）」への AI 搭載を発表

○ **3月14日**
・マイクロソフトが GPT-4 と、GPT-4 を使える新しい Bing を発表
・グーグルがクラウドサービス「Google Workspace」への AI 搭載を発表

○ **3月16日**
マイクロソフトが「Microsoft 365」で GPT-4 を活用できる
「Copilot（コパイロット）」を発表

○ **3月21日**
・マイクロソフトがクラウドサービス「Azure（アジュール）」上での
　GPT-4 の利用と、Bing への画像生成 AI「Bing Image Creator」の搭載を発表
・グーグルがアメリカとイギリスにおいて Bard の一般公開を開始

○ **5月11日**
グーグルが「Bard」の日本語対応を発表

○ **5月25日**
グーグルが AI 統合型検索エンジン「SGE」のテスト公開を米国で開始

○ **7月12日**
イーロン・マスクが「xAI（エックスエーアイ）」の設立を発表

○ **8月29日**
グーグルが生成 AI「Duet AI」の「Google Workspace」での一般提供開始を発表

○ **8月30日**
グーグルが AI 統合型検索エンジン「SGE」のテスト公開を日本で開始

○ **9月25日**
OpenAI が「ChatGPT」の新機能として声だけで AI とやり取りする機能や
画像認識機能を追加

○ **9月28日**
アマゾンがクラウドサービス「AWS」上で使える生成 AI「Amazon Bedrock」の
一般提供を開始

○ **10月3日**
マイクロソフトが「Bing」で利用できる画像生成 AI「Bing Image Creator」の
DALL-E3 対応を発表

○ **10月12日**
グーグルが AI 統合型検索エンジン「SGE」での画像生成機能を米国で追加

ChatGPT 関連の主な出来事

フトと米グーグルの競争も始まった。まず、グーグルが2023年2月6日に独自の対話型AI「Bard」を限定公開すると、その翌日にはマイクロソフトが自社の検索エンジン「Bing」にChatGPTを搭載する。

　さらに、翌月14日にグーグルがクラウドサービス「Google Workspace」へのAI搭載を発表すると、その2日後にはマイクロソフトがOffice製品等において対話型AIを活用する「Microsoft 365 Copilot」を発表した。

　AIをめぐる競争にはイーロン・マスクも参戦する。マスクはもともと、ChatGPTを開発した米OpenAIの共同出資者であったが、後に同社の取締役を退任した。そして2023年3月には、「人間と競合する知能を持つAIは、社会や人類に深刻なリスクとなりうる」と主張し、より強力なAIの開発を少なくとも半年間は停止するよう呼びかける公開書簡に署名した。

　その一方で彼は、同年7月にAI技術を開発する新会社「xAI」の設立を発表した。ChatGPTに対抗する狙いとみられている。

　ここに挙げた以外にも、IT業界のキーパーソンの多くがChatGPTに言及している。ただし、どの発言についてもある種のポジショントークとして捉えたほうがいいだろう。

パナソニック全社で ChatGPT を導入

　沸き立つIT業界を見て、ビジネスにおけるChatGPTの有

用性に気づいた企業は続々と ChatGPT やそれに関連、あるい
は類似する AI の業務への導入を表明した。

　たとえば、日本では大和証券が 2023 年 4 月から、マイクロ
ソフトのクラウドサービス「Azure OpenAI Service」を使用
して、セキュリティーを確保しつつ ChatGPT と同じ仕組みを
業務で用いている。同社では次のような効果を期待していると
のことだった。

- 英語等での情報収集のサポートや、資料作成の外部委託にかかる
  時間の短縮や費用の軽減
- 各種書類や企画書等の文章、プログラミングの素案作成に用いる
  ことで、お客さまと接する時間や企画立案等、本来業務に充てる
  時間の創出
- 幅広い社員が利用することによる、さらなる活用アイデアの創出
  （大和証券 2023 年 4 月 18 日付ニュースリリースより引用）

　ここからは、主に業務の時短効果が期待されていることが分
かる。

　また、パナソニック コネクトでも Azure OpenAI Service
を使用した社内向け AI アシスタントサービスを 2 月に導入。
4 月にはパナソニックグループ全社で導入され、約 9 万人の従
業員が ChatGPT とほぼ同じ仕組みの AI を使用できることに
なった。

なお、パナソニックグループの全社導入はわずか 10 分ほど
の会議で決定したと報じられている。大企業とは思えないス
ピード感といえよう。

電通デジタルではクリエイティブな制作に活用

　ネット広告代理店の電通デジタルは 2022 年 12 月に広告制
作を効率化する「∞（ムゲン）AI」の開発を発表。翌 23 年 3
月には ChatGPT の仕組みを∞ AI に組み込むことで大幅な性
能アップを実現させた。電通デジタルは広告制作における成果
について次の 2 点を挙げていた。

・訴求軸発見
　言語処理能力自体の大幅な向上により訴求軸の抽出量、抽出精度、
分類精度が改善しました。
・クリエイティブ生成
　得られた訴求軸をもとに、コピーの自動生成の精度、柔軟性が改
善しました。
　　　　（電通デジタル 2023 年 3 月 23 日付プレスリリースより引用）

　一方、住信 SBI ネット銀行は 2023 年 6 月、ChatGPT の仕
組みによる業務改善の実証実験の開始を発表した。具体的には、
大和証券やパナソニックと同様に Azure OpenAI Service を使

用し、社内各部署への照会対応、書類作成、分析資料作成など
さまざまな業務をマルチに行う社内ボット（一定の処理を自動
化するプログラム）への応用を検討していくとのことだった。

約 6 割の企業が生成 AI 導入へ前向き

　こうした動きは一部の先進的な企業だけのものではない。帝
国データバンクが 2023 年 6 月に実施したアンケート調査では
1380 社から回答があり、それによると ChatGPT をはじめと
する生成 AI をすでに業務で活用している企業は 9.1％、業務

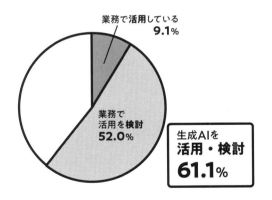

生成 AI の活用状況

出典：帝国データバンク 2023 年 6 月 20 日付プレスリリースより

での活用を検討している企業は 52.0％という結果が出ている。つまり、約 6 割の企業が生成 AI 導入へ前向きということになる。

　さらに、生成 AI の活用に前向きなこれらの企業に対し、すでに活用している、あるいはこれから活用したい生成 AI について複数回答可として任意に挙げてもらったところ、「ChatGPT」が 87.9％を占める結果となった。

　ここでは身近な日本企業の例のみ挙げてみたが、同様の動きは先進国を中心に世界各地で起きた。

イタリアは ChatGPT の使用を一時禁止

　ChatGPT の急速な普及により、各国政府も必然的に何らかの対応を迫られた。まず、イタリアのデータ保護当局は 2023 年 3 月末、ChatGPT の使用を一時禁止すると発表し、その理由として、AI に学習させるために個人のデータを収集・処理することに法的な根拠がないと主張した。

　さらに、イタリア当局は翌月 12 日、OpenAI に対して個人情報保護と年齢確認の仕組みの導入を要請する。それに呼応してか、OpenAI は収集する個人データの種類を明確にし、ChatGPT 使用時の年齢確認や、やり取りの履歴削除機能を導入した。また、データ処理の仕組みに対して外部から異議を申し立てられることをウェブサイトで公表している。

　こうした一連の対応を受け、イタリア当局は禁止から約 1 カ月後の 4 月 28 日に、ChatGPT の一時使用禁止の解除を発表した。OpenAI の対応の早さからも分かるように、同社は公的機関による規制に対抗するつもりはなさそうだ。

　同社の CEO、サム・アルトマンは 2023 年 5 月に米上院小委員会の公聴会で証言しており、AI が予測不可能な方法で社会を変えてしまうリスクを軽減するため、政府による規制が不可欠だと語っている。

欧州議会は「AI 法」による規制を模索

　2023 年 5 月に開催された G7 広島サミットでは、生成 AI について各国で議論する枠組みとして「広島 AI プロセス」の発足が盛り込まれた。

　すでに、実務者レベルでの議論が始まっており、生成 AI の規制や活用のあり方について閣僚級の会合を経て見解をまとめていくとのことだった。

　さらに、同年 6 月には欧州議会において AI を規制する「AI 法」が可決された。ただし、現時点では欧州議会の方針を承認するだけのものであり、実際の立法化には EU 理事会、ならびに欧州委員会との議論を経る必要がある。

　AI 法の草案には、人の感情を認識しようとする AI の禁止、公共空間におけるリアルタイム生体認証と警察の捜査への利用

の禁止、公的機関による社会信用のスコア化の禁止などが盛り込まれた。

生体AIに関する規制案も提唱され、AIの学習においてあらゆる著作物の使用を禁止する内容となっている。また、AIが生成したコンテンツに、その事実を明記することも含まれている。

アメリカは安全性を確保するルールで合意

一方、米政府は同年7月、OpenAI、マイクロソフト、グーグル、アマゾン、メタ（旧フェイスブック）など主要7社と、AIの安全性を確保するルールの導入で合意した。合意内容には、AIで生成した文章や映像、音声などのコンテンツが"AI製"と分かる表示をすることや、サービス開始前に、差別や偏見を助長する危険性やサイバー攻撃のリスクがないかを評価する仕組みの導入などが盛り込まれている。

各国政府のこうした懸念は当然のことだ。しかし、そもそもインターネットが普及した頃からこうした問題はずっと存在していた。

公衆回線を使って通信を行っている以上、どれほどセキュリティーに配慮していても、ハッキングにより通信内容を読み取られる可能性は否定できない。現実問題として、それを承知した上で慎重に使うのか、あるいはまったく使わないのかという

選択肢しかないのだ。

　ChatGPT についていえば、インターネットで収集した情報を AI に学習させているのだから、個人情報といってもすでに公開済みのものである。それなのに、あえてイタリアが一時使用禁止という措置をとったのは、世論の反応を見る意図もあったのではないか。さらに、AI を使用する企業によるモラル形成も狙ったものと考えられる。

OpenAI のサム・アルトマンの度重なる来日

　では、日本政府は ChatGPT にどう対処したのか。OpenAI の CEO、サム・アルトマンは 2023 年 4 月に来日し岸田文雄首相と面会した。NHK の報道によると、アルトマンは記者団に対し「岸田総理大臣とは AI 技術の長所とともに、欠点をどう軽減していくかについて話し合った」と述べたという。

　一方の岸田首相は記者団に対し、「新しい技術が登場し、利用されている一方、プライバシーや著作権といったリスクも指摘されているという状況について意見交換した。併せて国際的なルールづくりについてもどのように考えるか、意見交換した」と述べている。

　同報道では、自民党のデジタル社会推進本部の会合に出席した後のアルトマンのコメントも紹介した。それによると、「日本でいくつかの作業をスタートさせ、『ChatGPT』を日本語、

日本文化に合わせたよりよいモデルにしたい」と記者団に語ったという。

　なお、アルトマンは同年6月にも再来日し、慶應義塾大学で学生との意見交換会に参加している。そこでは、今後の開発方針として安全を担保することが必要と述べている。

生成AIに前向きな日本政府

　アルトマンの反応や度重なる来日からもうかがえるように、日本政府はChatGPTをはじめとする生成AIの利用促進にかなり前向きといっていいだろう。これは、規制を優先するヨーロッパとは対照的な姿勢であり、国としての導入の取り組みにおいてアメリカよりも先行していたのではないだろうか。

　日本政府がChatGPTに対し積極的な理由のひとつには、言語の問題があると私は考えている。日本は先進国の中でも英語話者が少なく、これまで学問の世界やIT分野において大きなハンデとなってきたからだ。

　このハンデは想像以上に大きい。たとえば、IBMの会長兼CEOのアービンド・クリシュナ、グーグルCEOのスンダー・ピチャイ、マイクロソフトCEOのサティア・ナデラはいずれもインド出身だ。これは、インドがアメリカに次いで世界第2位の英語話者数を擁していることに無関係ではないだろう。

　コンピュータが自動的に翻訳を行う機械翻訳の技術は、英語

というハンデを乗り越える手段となり得る。しかし、従来の機械翻訳では英語から日本語への翻訳はうまくいく一方で、日本語から英語への翻訳の精度が低いことが乗り越えるべき課題となってきた。

　これは、英文では原則的に必ず主語があり、主語＋動詞という組み合わせになっているのに対し、日本語では主語を省略した表現等、言語構造の違いが原因のひとつと考えられている。加えて、言葉と言葉をつなぐ助詞、いわゆる「てにをは」の扱いの難しさも機械翻訳にとってハードルとなっているのである。

　その点、ChatGPT が生成する日本語は、「〜は」「〜を」「〜が」「〜も」「〜に」といった助詞の選択に違和感がなく、人間が書いたものとほぼ区別がつかない。そのため、ChatGPT に翻訳をさせると、英語→日本語でも、日本語→英語でもとても自然な文章となっている。

　さらに、ChatGPT が従来の機械翻訳と大きく異なるのは、文章のスタイルを指定できることだ。たとえば、ある文章を英語に翻訳する際に、「格調高い英語で」「ビジネスメールとして適切な英語で」「親しみを込めたフランクな英語で」といった指示を加えることで、シチュエーションに合わせた表現にできる。こうした ChatGPT の翻訳能力の高さは、英語話者の少ない日本においてビジネスや学問、あるいは国としての外交において大きな武器となるはずだ。

これも推測でしかないが、おそらくアルトマンは日本における
そのニーズに気づき、これを商機とみて積極的に売り込みに
きたのではないだろうか。

各自治体でも相次いで導入

　日本政府は 2023 年 4 月、内閣府を中心に立ち上げた「AI
戦略チーム」の初会合を実施した。この会合では、経済産業、
総務、文部科学各省のほか、デジタル庁、個人情報保護委員会
が参加して、中央省庁での業務利用に向けた課題が話し合われ
ている。なお、同月、農林水産省は ChatGPT の業務利用を発
表した。

　これに前後して、各自治体でも業務への ChatGPT の導入、
あるいはそれに向けた活用実証やガイドライン整備の動きが始
まった。まず、先陣を切ったのが神奈川県横須賀市で、茨城県
のつくば市や笠間市、長野県、富山県、滋賀県、栃木県、群馬
県など多くの自治体が後に続いた。

　また、神戸市議会は 2023 年 5 月、ChatGPT など生成 AI の
利用指針を定めた条例改正案を可決する。同市ではそれまで生
成 AI の行政利用を禁止していたが、業務への導入に大きく舵
を切った。

　さらに、東京都でも 2023 年 8 月以降、生成 AI をすべての
部局の業務に導入することを決定した。ChatGPT を業務マニュ

アルの要約や Q&A の作成などに活用すると発表した。

情報漏洩のリスクを懸念する声も

　ChatGPT の導入に前向きな自治体が次々と現れる一方で、鳥取県は 2023 年 4 月、県庁の業務における職員の ChatGPT 使用を禁止すると発表した。理由のひとつとして挙げたのが個人情報の漏洩への危惧だ。

　ChatGPT では入力内容が AI の学習にも使用されるため、個人情報や機密情報を入力してしまうと事実上の漏洩となる。実際、韓国のサムスン電子では社員が入力した機密情報が漏洩し、ChatGPT の使用が原則禁止となった。

　しかし、セキュリティーに配慮した上で ChatGPT を利用することは可能だ。まず、ChatGPT ではデータコントロール設定により、AI の学習に入力内容を使用することや会話履歴の保存について拒否できる。ただし、いずれの設定内容であれ、不正使用の監視のため会話内容は 30 日間保持される。

　OpenAI は ChatGPT の有料版となる「ChatGPT Plus」のほか、API（アプリケーション・プログラミング・インターフェース）も提供している。これは、ChatGPT の機能を呼び出して外部のアプリケーションやサービスなどに組み込んで使える仕組みだ。一般的なビジネス用途でいうと、自社専用の ChatGPT を作れると考えればよい。

たとえば、先に紹介した横須賀市では ChatGPT の API を導入し、自治体向けビジネスチャットサービス「LoGo チャット」から使用する形をとっている。ただし、ChatGPT の API でも入力された内容は 30 日間保持されるため、個人情報や機密情報を入力しないなどの利用ガイドラインを定めている。

ChatGPT を取り込むマイクロソフト

　OpenAI への大口出資者であるマイクロソフトは ChatGPT と連携するサービスを次々打ち出している。まず、クラウドサービス「Microsoft Azure」で 2023 年 1 月に一般提供が開始された Azure OpenAI では、Azure のセキュリティー下で ChatGPT と同じ仕組みを使用できる。なお、入力内容は AI の学習には使われない。すでに Azure を導入している企業が ChatGPT を利用した場合、これが第一の選択肢となるだろう。

　不正使用の監視のために行う入力内容の保持については、所定の基準を満たした上で申請すると免除される。これにより情報漏洩のリスクはかなり低くなるといえよう。

　Azure OpenAI では、利用者のローカルファイルや Azure クラウド上のファイルを ChatGPT の仕組みで参照する機能もある。これにより、たとえば社内で共有されている膨大な書類のうち適切なものを探し出したり、社内ルールに従った業務手順を確認したりといったことを即座に行える。

Office 製品にコパイロットの機能を追加

　さらに、マイクロソフトは 2023 年 3 月に「Microsoft 365 Copilot」を発表した。これは Office 製品のサブスクリプションサービス「Microsoft 365」で利用できる Word、Excel、PowerPoint、Outlook、Teams などのアプリケーションにおいて直接、ChatGPT の仕組みを使えるものだ。

　そこにおいて ChatGPT の仕組みは副操縦士（Copilot）の働きを成す。たとえば、Word では簡単な指示でユーザーに代わり文章の下書きを作成し、要約や口調の変更なども即座に行ってくれる。また、Excel では目的に合った数式を教えてくれるばかりでなく、データの視覚化や分析なども、「このデータをグラフ化して」「傾向を分析して 3 つの項目で要約して」などの指示で行ってくれるという。そして、PowerPoint なら指定した Word ファイルをもとに任意の枚数のスライドを作らせることもできる。

　加えて、Microsoft 365 Copilot では新たに「Business Chat」が提供されるという。これは、ドキュメント、プレゼンテーション、メール、カレンダー、メモ、連絡先などのデータを横断して AI が情報を収集してユーザーのニーズに応えるものだ。たとえば、ある顧客に関するメールやドキュメント、カレンダー上の予定などをまとめさせるようなことが、ちょっとした指示で可能となる。

Office などマイクロソフト製品の普及度を考えれば、ChatGPT の利用は最終的に、Azure OpenAI や Microsoft 365 Copilot のいずれかを経由する形に収斂(れん)していくだろう。そして、もちろんこの効果は企業でも行政機関でも変わらない。

　ユーザー側にとっては、ChatGPT の活用の仕方やセキュリティーの確保を試行錯誤するより、すでに普及済みのマイクロソフト製品の新機能として利用する形のほうが導入しやすいはずだ。

ChatGPT の "ブーム" は終わった

　駆け足ではあるが、"ChatGPT 現象" ともいえる一連のブームをおさらいしてきた。キーワード検索数の推移をグラフ化する「google トレンド」で「ChatGPT」を調べると、アメリカでは 4 月後半に検索数がピークに達し、7 月上旬にはその半分まで落ち込んでいる。つまり、それだけ関心が薄れたということであり、"ブーム" としてはすでに去ったものとみていいだろう。

　しかし、その一方で ChatGPT の仕組みがマイクロソフト製品へ組み込まれることにより、対話型 AI そのものの普及は本格的になっていく。対話型 AI をはじめとする生成 AI の利用が当たり前になる段階に入ったのだ。AI はあくまで道具、手段であり、人間が目的をもってそれを使うのだから、"ブーム"

から当たり前のものになる流れは必然といえる。

　一部では、「AI がやがて人間を超えるかもしれない」といった議論もなされているが、AI はどれほど人間らしくみえてもそのベースはデジタルであり、デジタルは人間を含む自然界に存在する唯一無二の構成要素を測るベースであるアナログにはなり得ない。

　そもそも論になるが、アナログとデジタルの違いは、「無理数」であるか否かである。「無理数」というのは算数で割り算をしたときに割り切れなくて、割り算が無限に続いてしまう数字のことを言う。わかりやすくと言うと、円の直径に対する円周の長さの比率である円周率のことである。円周率には最後の数字は存在せず無限に続く。この円周率は科学のさまざまな理論計算の計算式に出現する最も重要な数学定数なので、数学はもとより、物理学、工学などの学問成立のために、自然界のアナログ値である円周率を便宜上「円周率 ≒ 3.14」としデジタル値化しているのである。

　これが存在する事象が唯一無二である「自然界」と、効率実現を目的とし、その手段として事象を類型化した「人工」との決定的な違いの根拠なのである。

　コンピュータ（CPU）でデータを処理する場合、自然界に存在する無理数はすべて「0」と「1」、即ち整数に置き換えている。これを量子化というが、当然 AI も同様で、計算によって動作している以上、デジタル値化しないと AI は成立しない。

そこは私が強く主張したいところである。

　次の第2章以降は、コンピュータを動かしている集積回路の歴史に沿う形でAIの進化の流れを追っていき、その中で現在位置としてのChatGPTについても再度触れる。また、未来予想については、集積回路の集積度増大の速度を予想した「ムーアの法則」が1965年に提唱されてから2023年で58年（約60年）が経過していることから、さらにこの先約60年後の2080年代前半までを予想の目途にしたい。

　なお、これより専門用語が多く登場してくるので、本文中でフォローしきれない用語については太文字とし、囲み欄で随時解説する。

第 2 章
AI と集積回路の進化の歴史

10 秒で分かる第 2 章のポイント

- 集積回路＝微細なトランジスタなどを集積させたコンピュータの中核部品。
- 「ムーアの法則」は集積回路の集積度の増大を予測。
- 1960 年代、1980 年代に続く第 3 次 AI ブームは 2000 年代以降進行中。

AI ＝人間の考える行為を一部代行する機械

　AI とは「Artificial Intelligence」の略称で日本語では人工知能という。では、これは何を指す言葉なのか？　経産省の『平成 28 年版 情報通信白書』には次のように説明されている。

　　このように普及しつつある人工知能（AI）という言葉が、初めて世に知られたのは 1956 年の国際学会と比較的新しい。人工知能(AI)は、大まかには「知的な機械、特に、知的なコンピュータプログラムを作る科学と技術」と説明されているものの、その定義は研究者によって異なっている状況にある。その背景として、まず「そもそも『知性』や『知能』自体の定義がない」ことから、人工的な知能を定義することもまた困難である事情が指摘される。
　　（『平成 28 年版 情報通信白書』より引用、注釈・図表の指定等は表記省略）

　文中で触れられている国際学会とは 1956 年の夏に米ニューハンプシャー州ダートマスで開催されたものである。世界初の汎用コンピュータ「ENIAC（エニアック）」の誕生から 10 年後という節目の年に開催された同学会では、計算機研究者のジョン・マッカーシーが人間のように考える機械のことを初めて「人工知能」と呼び、自動的に定理を証明するプログラム「ロジック・セオリスト」のデモンストレーションも行われた。こ

れは、世界初の人工知能プログラムといわれている。

　ただし、この白書にもあるように AI の定義は研究者によって異なるため、"人間のように考える機械"と解釈した場合、その定義での AI はまだ実現していない。しかし、同白書では大まかな定義として、「知的な機械、特に、知的なコンピュータプログラムを作る科学と技術」とも説明している。

　この点について私はシンプルに、「AI（人工知能）＝人間の考える行為を一部代行する機械」と定義している。つまり、知能とは考える能力のことであり、人工的な装置によりそれを実現するものを AI と考えればよい。

　なお、ロジック・セオリストには、ビジネス教育の第一人者でありノーベル経済学賞の受賞者でもあるハーバート・サイモンが関わっており、その後彼は人間の感覚と学習をシミュレートする「EPAM」や、科学的発見の過程をシミュレートする「BACON」の開発にも携わっている。

AI の歴史の起点をどこに置くか

　では、AI の歴史を考える上でその起点をどこに置くべきか？「AI」という言葉が生まれた時点を起点とするなら 1956 年がその年であり、世界初の汎用コンピュータ ENIAC の誕生を起点とするなら 1946 年がその年である。

　あるいは、AI を人間の代わりに計算する機械と考えるなら、

ドイツのヴィルヘルム・シッカルトが17世紀前半に発明した歴史上初の機械式（歯車式）デジタル計算機が起点の候補となり、計算の補助だけなら算盤までも候補に入ってくる。

　どこを起点としても間違いではないが、本書では現在のコンピュータとAIを実現する上で欠かせない集積回路が発明された1958年を起点として話を進めていく。ただし、集積回路についてよく理解するために、"集積回路登場前夜"ともいえるリレー式や真空管式、トランジスタ式の計算機についても駆け足で触れておこう。

【1940年代】計算者(コンピュータ)から電子計算機(コンピュータ)へ

　「コンピュータ」という語はもともと"計算者"を意味しており、紙とペン、あるいは機械式計算機を用いて手作業で計算をする事務員のことだった。計算者(コンピュータ)らは19世紀の終わり頃から20世紀初頭にかけて活躍したが、軍事における計算需要が高まってきたことで、1930年代から40年代にかけて計算機の改善が試みられた。

　まず登場したのが電磁リレーを素子※とするリレー式の計算機で、これは電気を使った機械式計算機と言い換えることができる。リレーとは電磁石を応用したスイッチのことであり、オンとオフによって数字を表し、論理回路と呼ばれる回路のつなぎ方によって四則演算（算術演算）や、大小を比較する比較演

算、推論を行う論理演算※を行える。四則演算の組み合わせで
さらに複雑な計算も可能である。

　その後に登場した真空管式の計算機はまさしく電子計算機（コンピュータ）と
呼べるものであり、わずかな電圧変化により電流のオンとオフ
を制御できる三極式真空管を用いて演算を行った。

　アメリカ初のリレー式計算機「Harvard Mark I（ハーバード・
マーク・ワン）」は 1944 年の製造、真空管式の汎用コンピュー
タ ENIAC は 1946 年の製造であり、この時点ではいずれも我々
が普段用いている 10 進法の数で演算している。

　それに対して現在のコンピュータは、その内部においては 2
進法※で演算を行う。2 進法では「1」と「0」だけを使うので、

Keyword

【素子】コンピュータ等において演算・制御を行う回路の最小の
構成要素。

【論理演算】「真（true）」と「偽（false）」の 2 つの状態を用い
る演算。入力が 2 つの演算には、一方が「真」なら「真」を出
力する OR 演算（論理和、「A または B」と表現できる）、両者
とも「真」のときのみ「真」を出力する AND 演算（論理積、「A
かつ B」と表現できる）、両者が異なるときのみ「真」を出力す
る XOR 演算（排他的論理和、「A か B の一方だけ」と表現でき
る）などがある。論理演算によって論理の道筋を示すことができ、
たとえば条件分岐などに利用できる。

【2 進法】0 と 1 だけを使い、2 カウントで桁上がりする形式を
とる数の表記法。10 進法の表記から置き換える場合、0 は「0」、
1 は「1」、2 は「10」、3 は「11」、4 は「100」、5 は「101」、
6 は「110」、7 は「111」、8 は「1000」、9 は「1001」になる。

電気回路におけるオンとオフで表しやすいというのがその理由である。

【1940年代】現在のコンピュータの原型が確立

　装置としてのコンピュータは「ハードウェア」と呼ばれ、それを動かすには演算やデータの読み込み、出力などを命令するプログラムが必要である。そうしたプログラムはハードウェアに対し「ソフトウェア」と呼ばれている。

　プログラムは、リレー式の計算機の時代までは穴の開いたカードやテープの形で記述され、真空管式のコンピュータの時代になると配線を変えることで行われた。後者の代表的例が世界初の汎用コンピュータENIACである。

　しかし、手順の異なる演算をするたびに配線を変更するのは手間がかかる。そこで、ENIACの後継機となるEDVAC（エドバック）の開発では、演算に使うデータを電気信号の形で記憶させていたメインメモリ（主記憶装置）に、プログラムも一緒に記憶させておくというアイデアがジョン・フォン・ノイマンらにより提唱された。これはプログラム内蔵方式、あるいはストアド・プログラム方式と呼ばれ、これ以降のコンピュータにおける標準的な仕組みである。

　この方式によるコンピュータはノイマン型コンピュータと呼ばれ、用途に応じたソフトウェアをハードウェアに記憶させて

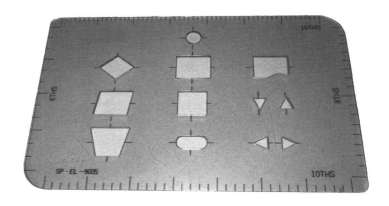

著者が使用していたコンピュータ操作マニュアルのフォルダ（上）とテンプレート（下）（1968 年以降使用のもの）

著者所蔵

STATUS CHARACTERS

0 1	SPECIAL	(S 3)
0 2	INOPERATIVE	(S 2) (S 3)
0 4	WRITE LOCKOUT	(S 3)
0 8	OUT OF MEDIA	(S 3)
1 0	SYSTEM OVERLOAD	(S 3)
2 0	PARITY ERROR	(S 3)
4 0	COMMAND INITIATED	(S 2)
8 0	BUSY	(S 2)
8 1	TRANSMISSION ERROR	(S 3) (S 4)
8 2	STANDBY	(S 2) (S 3)
*8 4	LATENT ME	(S 4)
*8 8	LATENT PE	(S 4)
0 0 XXXXXX	OPERATION COMPLETE	(S 3)
1 1 XXXXXX	SEGMENT COMPLETE	(S 3)

*CENTURY-200 ONLY

HEX./DEC. CONVERSION TABLE

HEXADECIMAL EQUIVALENT	POSITION 4	POSITION 3	POSITION 2	POSITION % 1
0	0	0	0	0
1	4,096	256	16	1
2	8,192	512	32	2
3	12,288	768	48	3
4	16,384	1,024	64	4
5	20,480	1,280	80	5
6	24,576	1,536	96	6
7	28,672	1,792	112	7
8	32,768	2,048	128	8
9	36,864	2,304	144	9
A	40,970	2,560	160	10
B	45,056	2,816	176	11
C	49,152	3,072	192	12
D	53,248	3,328	208	13
E	57,344	3,584	224	14
F	61,440	3,840	240	15

CONTROL WORD ASSIGNMENT

UNIT	TRUNK	POSITION	RESPONSE
COT	1 or 0	0	0 0
CONSOLE	0	1	0 1
I/O WRITER	0	1	0 1
PRINTER	1 or 0	2	0 2
DISC D0	1	3	0 3
DISC D1	1	1	0 3
DISC D2	1	1	0 3
DISC D3	1	1	0 3

RESPONSE 00 = CW0 1024
" 01 = CW1 1032
" 02 = CW2 1040
" 03 = CW3 1048

SYMBOLIC UNIT DESIGNATORS

DISC	Dxx	D01, D02, D03, ········· D99
MAGNETIC TAPE	Mxx	M01, M02, M03, ········· M99
CRAM	Cxx	C01, C02, C03, ········· C99
REMOTE PERIPHERALS	Rxx	R01, R02, R03, ········· R99
PRINTER	P0y	P01, P02, P03, ········· P09
CARD READER	P1y	P11, P12, P13, ········· P19
CARD PUNCH	P2y	P21, P22, P23, ········· P29
PAPER TAPE READER	P3y	P31, P32, P33, ········· P39
PAPER TAPE PUNCH	P4y	P41, P42, P43, ········· P49
OPTICAL CHARACTER READER	P5y	P51, P52, P53, ········· P59
MICR	P6y	P61, P62, P63, ········· P69

TABLE OF NEAT/3 INSTRUCTIONS

INSTR.	OPERANDS	INSTR.	OPERANDS	INSTR.	OPERANDS	INSTR.	OPERANDS	INSTR.	OPERANDS
DELETE	FR, WA	BEGDBG	FR, A, Z	MARK	FR, A	ROPENS	FR	TFINDB	TR, A, Z
		ENDDBG	FR			ROPEND	FR	TFINDB	TR, A, B, Z
DIV	A, B, C			MOVE	A, B	ROPENR	FR	TFINDD	TR, Z
DIVC	A, B, C	BLKCHK	Z			ROPENP	FR	TFINDN	TR, A, Z
DIVL	A, B, C, Z	BLKOUT	Z	MULT	A, B, C			TFINDN	TR, A, B, Z
DIVR	A, B, C			MULTC	A, B, C	SECT		TFINDR	TR, A, Z
DIVRC	A, B, C, Z	BR	Z	MULTL	A, B, C, Z			TFINDR	TR, A, B, Z
DIVRL	A, B, C, Z	BRC	Z	MULTR	A, B, C	SETPL	A	TFINDS	TR, A, Z
		BRG	Z	MULTRC	A, B, C, Z			TFINDS	TR, A, B, Z
DSCOFF	A	BRGL	Z	MULTRL	A, B, C, Z	SPREAD	A, B	TJUMP	TR, A, Z
		BRGE	Z						
ENDS		BRLE	Z	* (RENAME)		SUB	A, B	TMARK	TR
		BRU	Z			SUB	A, B		
ENTRY				OMIT		SUBC	A, B, Z	TPACK	TR, Z
		CLOSE	FR	OMIT	PAGE LINE	SUBC	A, B, C, Z		
FINISH		CLOSEO	FR			SUBL	A, B, C, Z	TRESET	FR, A, Z
		CLOSES	FR	OPEN	FR	SUBR	A, B		
GET	FR			OPENS	FR, A	SUBR	A, B, Z	TSERT	TR, A
GET	FR, WA	CNSOUT	A			SUBRC	A, B, C		
LGET	FR	CNSIN	A, B	OVERLAY		SUBRC	A, B, C, Z	TSHIFT	TR, A
RGET	FR, A	CNSINA	A, B	OVERLAYG		SUBRL	A, B, C, Z		
RGET	FR, A, Z					SUBRL	A, B, C, Z	TSORTA	TR
SGET	FR, Z	COMP	A, B	PUT	FR			TSURTD	TR
SGETC	FR, Z1, Z2			PUT	FR, WA	TBEGB	FR		
SGETL	FR, Z1, Z3	COND	A, B	LPUT	FR	TBEGF	FR	TWRITSB	
								TWRITSP	
		COPYA				TBILDB			
ADD	A, B, C	COPYP	A, B, C	RDUMP		TBILDB	TR, A, B, Z	XPAND	A, B
ADDC	A, B, C	COPYH	A, B, C			TBILDN	TR, A, Z		
ADDC	A, B, Z			RFILE	FR, WA				
ADDC	A, B, C, Z	DEFALT	FR1 ──── FR4			TDEL	TR, Z		
ADDL	A, B, C, Z			RELINK		TDEL	TR, A, Z		
ADDR	A, B	DELETE	FR	RELINK	Z				
ADDRC	A, B, C			RESET	FR, A				
ADDRC	A, B, Z	INSERT	FR, WA			LEGEND			
ADDRL	A, B, C			RETNDR		A, B, C	OPERANDS	FR	FILE REFERENCE
ADDRL	A, B, Z	LINK	Z	RETDEL		WA	WORKAREA	TR	TABLE REFERENCE
ADDRL	A, B, C, Z	LOG	A	RETADD	WA	( )	CONTENTS	Z	BRANCH ADDRESS

SP · EL ~9006 A

著者が使用していたコンピュータ操作マニュアルカードの一部
（1968 年以降使用のもの）

著者所蔵

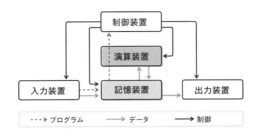

ノイマン型コンピュータの概念図

実行するという概念が生まれた。ただし、EDVAC の開発チームは意見の対立のため解散してしまい、最初のノイマン型コンピュータの実用機は、1949 年に英ケンブリッジ大学で開発された EDSAC（エドサック）となった。

【1940 年代】トランジスタの誕生

　電気回路を用いた計算機は画期的な発明といえる。しかし、リレー式の計算機は当初期待された計算速度を実現できず、真空管式は真空管の耐久性の低さが問題となった。たとえば、ENIAC には 1 万 8000 本の真空管が使われていたが、平均で 2 日に 1 本の真空管が故障し、そのたびに計算機全体が停止していたという。

　そこで次に脚光を浴びたのが真空管に似た機能を持ち、より安定して動作するトランジスタだった。トランジスタは米ベル

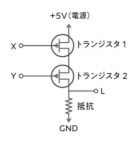

+5V（電源）

X ─○── トランジスタ 1

Y ─○── トランジスタ 2

○ L

抵抗

GND

トランジスタによる AND 演算回路の模式図

研究所のウィリアム・ショックレーが 1948 年に発表し、『タイム』誌はこれを「小さな脳細胞」として報じた。なお、ショックレーは 1956 年、半導体とトランジスタの研究によりノーベル物理学賞を受賞している。

　トランジスタに用いられた半導体という物質は、電気をよく通す導体と、電気を通さない絶縁体との中間的な性質をもつ。ほかの物質を混ぜると電子を含む量が異なる半導体を作ることができ、そうして作った 3 種類の半導体をつなぐと、小さな電流で大きな電流の流れをオン、オフするように制御できる。つまり、リレーや真空管と同じように、四則演算や比較演算、論理演算を行う論理回路を作れるのである。

【1950 年代】同時期に発明された集積回路

　ショックレーが発明したトランジスタは、真空管に取って代

わるものとしてコンピュータに使われ始めた。まず、ベル研究
所は 1954 年、トランジスタと真空管を併用した TRADIC（ト
ラディック）を開発する。さらにその翌年の 1955 年には全
トランジスタ式のコンピュータとして、イギリスで「Harwell
CADET（ハーウェル・キャデット）」が、オーストリアで
「Mailufterl（マイルフタール）」が開発されている。

　しかし、リレー式や真空管式と同様、トランジスタによる論
理回路もまた複雑な配線を必要としたため、米テキサス・イン
スツルメンツの研究者ジャック・キルビーは、1 枚の半導体材
料の基板に小さなトランジスタをまとめるアイデアを発案す
る。これが 1958 年のことで、1959 年に特許出願、1964 年に
特許取得に至った。

　また、トランジスタの発明者であるショックレーの研究所を
去った後に米フェアチャイルドセミコンダクターを興したロ
バート・ノイスもまた、ほぼ同時期に同じようなアイデアを発
案していた。こちらは 1959 年に特許出願され、1961 年に特
許取得している。

　キルビー、そしてノイスが発明したものは「集積回路
(Integrated Circuit ＝ IC)」、あるいは「チップ」「半導体」と
呼ばれた。現在のコンピュータやスマートフォンの頭脳となっ
ているのは、まさにこの集積回路である。現在の AI もまた集
積回路がなければ成り立たないので、先に述べたように本書で
は、AI の起点を集積回路が誕生した 1958 年とした。

集積回路はコンピュータの大幅な小型化を可能にし、テキサス・インスツルメンツの集積回路は米空軍のミサイル制御に採用され、フェアチャイルドセミコンダクターの集積回路はNASAのアポロ計画に採用された。その後、両社は1960年代中盤までに集積回路の量産を実現している。

【1950年代】初期のプログラミング言語

　コンピュータに対し、演算やデータの読み込み、出力などを命令するプログラムは2進法で記述される必要があり、これを機械語という。しかし、「0」と「1」の羅列では人間がプログラムを記述する上で扱いづらいため、機械語に対して逐語的に対応する命令語をもち、より意味を捉えやすい「アセンブリ言語」が用いられるようになった。最初のノイマン型コンピュータとされるEDSACでもそうしたアセンブリ言語が採用されている。
　私が現役のプログラマー時代にはコンパイラ言語というアセンブリ言語よりは高級言語と言われているプログラム言語を多用していたが、デバッグといわれるプログラム開発工程では時間節約のため、メインメモリに展開されているロードモジュールといわれる命令コードファイルの命令コードを機械語で直接書き換えたり、またハードウェアの能力を引き出す必要のあるときなどはアセンブリ言語でハードウェアを制御したりと機械語やアセンブリ言語は、私もまた慣れ親しんだ言語である。

　1954 年には米 IBM によって、科学計算向きのプログラミング言語「FORTRAN（フォートラン）」が開発された。この FORTRAN 以降のプログラミング言語の多くでは英語に近い表現が用いられており、アセンブリ言語が機械側に寄り添ったものとすれば、そうした言語は人間側に寄り添ったものといえる。なお、FORTRAN は今なお時代に合わせて改良を続けている現役のプログラミング言語である。

　ChatGPT は、普通の言葉で指示するだけで指定した言語によるプログラムを記述することもできる。これは、プログラミング言語が人間側に寄り添う流れが行き着いたひとつの答えである。

　1959 年には米国防総省の主導により、事務用共通言語「COBOL（コボル）」の開発が進められ、1960 年に仕様が一般公開された。COBOL も FORTRAN と同様に改良が続けられており、現在でも広く用いられている。

　このほか比較的初期に登場した言語として、1964 年に発表された「BASIC（ベーシック）」や 1972 年に発表された「C 言語」なども挙げられる。この 2 つの言語からはさまざまな言語が派生しており、たとえば、米マイクロソフトは Windows アプリケーションの開発用言語として、BASIC をベースに「Visual Basic（ヴィジュアルベーシック）」を開発している。また、C 言語からは現在広く使われている「C++ 言語」などが派生している。なお、ここで紹介したものも含め、いずれのプログラ

ム言語で書かれたプログラムもアセンブリ言語はアセンブラ、コンパイラ言語はコンパイラという翻訳ソフトにソースコードとして入力され、コンピュータのCPUが直接解釈実行できる形式であるオブジェクトコードと言われる機械語に翻訳されて実行される。

【1960年代】未来を予測したムーアの法則

　ショックレーの研究所をノイスと一緒に辞めてフェアチャイルドセミコンダクターを興した仲間の1人にゴードン・ムーアという研究者がいた。ムーアは1965年に発表した論文の中で、少なくとも今後10年間は半導体上に搭載可能な部品の数は毎年2倍ずつ増加していき、1975年までに1つの集積回路に6万5000個の部品を搭載できると予測した。

　ムーアが論文に掲載した予測グラフは縦軸が対数になっている片対数グラフなので増加の速さが一見分かりにくい。しかし、仮に最初の年を「10」とした場合、5年後は「320」、10年後は「1万0120」になると考えれば、いかに速い増加であるかイメージできる。なお、ムーアは1975年にこれを、"2年ごとに2倍ずつの増加"と修正しており、その後、集積回路の集積度が増し続けるというこの予測は「ムーアの法則」と呼ばれるようになった。

　ムーアの法則は、集積回路の集積度の進化の指標として、現

在でも半導体業界で重視されている。しかし、ムーアの法則の
"終焉説"を唱える者もいた。これは集積度の増大がいつか終
焉してムーアの法則が成り立たなくなるという予測だが、今の
ところムーアの法則は延命しており、これからもなお延命し続
けるという"延命説"を唱える者も少なくない。

　たとえば、IBM のエーリヒ・ブロッホは 1988 年、集積回路
上のトランジスタが 250 ナノメートル（0.00025 ミリ）まで
微細化した段階でムーアの法則は成り立たなくなると予測し
た。しかし、実際にはその 10 年後にブロッホの終焉説を超え
てムーアの法則は延命した。

　ところが、2003 年にはムーア本人が、これまでどおりのや

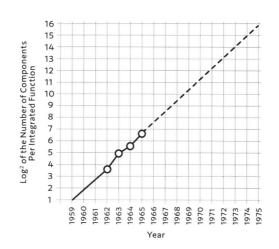

ムーアが論文に掲載した集積度増大を予測する片対数グラフ

出典：『Electronics』1965 年 4 月 19 日発売号より

り方では今後 10 年ほどで障壁にぶち当たるという懸念を表明
した。ムーアの法則の終焉を危惧する発言だったが、結果的に
はその心配は杞憂に終わり、集積回路の集積度の増大が止まる
ことはなかった。ムーアの法則は再び延命したのである。

集積度増大の鍵を握る微細化技術

ムーアは 1968 年、ノイスとともにフェアチャイルドセミコ
ンダクターを辞め、ともにインテルを創業した。そして、イン
テル製の集積回路で自らムーアの法則を実証した。

ただし、「ムーアの法則」と命名したのはムーア本人ではなく、
彼と懇意にしていたカリフォルニア工科大学のカーバー・ミー
ド教授である。インテルにコンサルタントとして雇われたミー
ドは 1972 年、電話や洗濯機、自動車の中に微細なコンピュー
タが埋め込まれる未来を予想し、社会の運命の鍵を握るのはマ
イクロエレクトロニクス技術と、より狭いスペースにより多く
の部品を詰め込む能力であると述べている。

現代に生きる我々はミードの未来予想が的中したことを知っ
ている。本書の「はじめに」では、70 年代中頃の大型汎用コン
ピュータと比較して、一般的なスマートフォンには約 6 万
5000 倍のメインメモリを搭載していることを説明した。また、
ミードが予想したように、洗濯機や自動車にも制御用のコン
ピュータが組み込まれている。集積度の増大をはじめとする集

積回路の進化が、ムーアの法則どおりに進行していなければこうはならなかったのである。

　集積回路の集積度増大を可能にしたのは、半導体材料上にトランジスタなどの回路を微細に構築する技術である。より微細な回路を実現する製造上の進化を微細化といい、それはミードのいう「より狭いスペースにより多くの部品を詰め込む能力」の追求でもある。

　回路の最小構成要素である素子が微細になっていくと、素子数あたりのコストが安くなるほか、素子そのものの性能の向上や駆動電力の削減、集積回路の多機能化や並列処理回路の増加などによる性能向上などのメリットを得られる。

　中でもコンピュータの普及にとって重要な役割を果たしたのはコスト面のメリットである。コストが安くなったことで、当初軍事用途が主だった集積回路は民間向けの需要にも応えられるようになり、やがて一般消費者まで集積回路が組み込まれた製品を手にできるようになった。

微細化に直結するフォトリソグラフィ

　集積回路の微細化に直結するのが、写真フィルムに画像を感光させるのと似た仕組みで半導体材料上に微細な回路を焼き付けるフォトリソグラフィという技術である。

　フォトリソグラフィでは、回路パターンが刻まれたマスクを

通して可視光線や紫外線をシリコン・ウェハーに照射する。具体的には、顕微鏡が微細な領域を拡大して写すのとは逆のやり方で、より大きなサイズのマスク上の回路図を微細なサイズに縮小して照射し、シリコン・ウェハー[※]上のフォトレジストという感光材と反応させて回路を焼き付ける。

実際の製造ではこの焼き付けのほか、化合物の薄膜を形成する成膜や、表面の一部を削るエッチング、研磨などの工程を何度も繰り返してトランジスタによる論理回路など、多層構造の複雑な回路を形成していく。

フォトリソグラフィを最初に開発したのは米政府の研究所でトランジスタの微細化に取り組んでいたジェイ・ラスロップだった。ラスロップは1957年にフォトリソグラフィに関する特許を申請した後、1958年にはテキサス・インスツルメンツ

光源
コンデンサレンズ
マスク
投影レンズ
ウエハー
ステージ

ステッパという装置を用いた現在のフォトリソグラフィの概念図

に入社して集積回路の研究へ取り組んだ。

　また、当時まだフェアチャイルドセミコンダクターにいたノ
イスも、ラスロップの発明の重要性に気づき、同じ技術を改良
することに取り組んでいる。

　フォトリソグラフィは集積回路の微細化と集積度の増大に大
きく寄与し、その量産も可能にした。集積回路の製造において
は今なおフォトリソグラフィが用いられており、この技術の進
化はそのまま集積回路の進化に直結している。

Keyword

【シリコン・ウェハー】代表的な半導体材料であるシリコンの薄
い板。集積回路製造においては通常、8 または 12 インチの円盤
状に形成される。

【1960 年代】オペレーティングシステムの確立

　初期のコンピュータは高価で台数も少なかったため、その演
算能力を無駄なく効率よく活用することが重視された。そこで、
短時間で終わる演算に対してその入出力に時間がかかりすぎる
ような場合に、ほかのプログラムを割り込ませて実行する仕組
みの開発が 1950 年代半ばから始まる。これが、オペレーティ
ングシステムの原点である。

　そうしたオペレーティングシステム（以下、OS）は、複数

のプログラムを入れ替えるページング機能や、ストレージ（補助記憶装置）にメインメモリと同様のアドレス（メモリ上の位置）を割り当てて、メインメモリに収まらない大きなプログラムを扱えるようにする仮想メモリ機能により、演算能力やメインメモリを効率よく活用できるようにした。また、入出力の制御なども行った。

1960年代から70年代にかけて各コンピュータメーカーは、自社製品向けのOSを個々に開発する。たとえば、IBMは1964年、初めて集積回路を使用した大型汎用機IBM360シリーズ用の「OS／360」を発表した。これは世界初の商用OSとされている。

そして、日本では富士通が1965年、当時としては価格を低く抑えた大型汎用機「FACOM230-10」を開発する。低コストの秘密は仮想メモリ機能にあり、当時高価だったメインメモリとしての磁気コアメモリと、比較的低価格だったストレージとしての磁気ドラム装置を併用して価格を低く抑えることに成功し、大型汎用機の販路を中小企業にまで広げることになった。

こうしたOSの登場により、個々の目的のために作られたプログラムがコンピュータの制御まで担う必要はなくなった。そのようにOS上で実行されるプログラムのことをアプリケーションソフトと総称する。アプリケーションソフトは、OSの機能を利用できるので開発期間を大幅に短縮できるようになった。

1969 年にはベル研究所が「UNIX（ユニックス）」という
OS を PDP-7 というコンピュータ用に開発した。さらに 1972
年には、他機種への移植を容易にするため、ハードウェアに左
右されにくいプログラミング言語として C 言語をまず開発し、
その C 言語で記述した UNIX を 1973 年に発表する。こうし
て誕生した UNIX はこれ以降の OS の多くに影響を及ぼしてい
る。

　UNIX は大学や研究機関で広く普及した後、IBM や米サン・
マイクロシステムズ（2010 年にオラクルへ吸収合併）、米ヒュー
レット・パッカードによる商用バージョンも登場した。現在広
く普及している「Linux（リナックス）」は UNIX 系 OS として、
米アップルの「macOS（マックオーエス）」と「iOS（アイオー
エス）」、米グーグルの「Android（アンドロイド）」も UNIX
派生 OS として知られている。

【1960 年代】10 年で終わった第 1 次 AI ブーム

　人工知能という言葉が初めて登場した 1950 年代後半から
60 年代にかけて、"第 1 次 AI ブーム" というべき盛り上がり
があった。この時期、論理回路が得意とする推論や探索を行う
AI の研究が盛んに行われている。

　たとえば、迷路を解く場合、道の分岐点ごとに右に進むパター
ンと左に進むパターンというようにすべてのルートを探索して

いき、ゴールまでたどり着くルートを求める AI が研究された。
大きな迷路なら人間では面倒で時間のかかる作業となるが、コ
ンピュータならすべてのパターンの経路を文句も言わず迅速に
探索してくれる。

　さらに、70 年代に入る頃には、簡単な指示によりロボット
に複雑な行動をとらせる AI の研究も進められた。実際にロボッ
トを動かしたわけではなくシミュレーションの段階であった
が、ある状況における行うべき行動とその結果に関してあらゆ
るパターンを記述することで、人間の言葉を理解しているよう
な行動をロボットに取らせることができた。

　たとえば、スタンフォード大学のテリー・ウィノグラードが

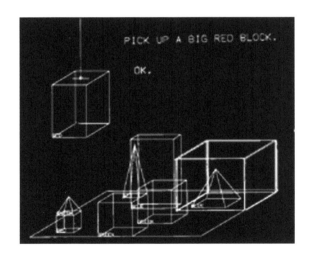

SHRDLU の実行画面の再現

出典：https://smbiz.asahi.com/article/14616618

1970 年に開発した SHRDLU（シュルドゥルー）という AI では、文章入力による対話でシミュレーション上のロボットハンドに積み木を操作させることが可能だった。指示代名詞が指すものを文脈から判断させることもでき、たとえば、「赤色の円錐を緑のブロックの上に置け」と指示してそのように行動させた後、「その円錐を取り除け」と指示できる。さらに、ロボットハンドの過去の行動についての質問もできたという。

　SHRDLU は一見すると ChatGPT にも似た AI だが、扱う対象はいくつかの種類の積み木だけが存在する単純で限定された"積み木の世界"でしかなく、複雑な事象が絡み合う現実世界には対処できないことが明らかになってくる。そこで、「AI はトイ・プロブレム（おもちゃ的問題）しか解けない」と揶揄する声が上がるようになり、1970 年代には第 1 次 AI ブームは急速に冷めていった。

【1970 年代】世界初のマイクロプロセッサ

　コンピュータが演算やほかの装置の制御を行う装置を CPU（Central Processing Unit、中央処理装置）という。1960 年代まで CPU は複数の集積回路を組み合わせて構成していたが、1971 年にインテルが CPU の機能を 1 枚の半導体チップ※上に集積させた世界初のマイクロプロセッサ（MPU）として 4004 を発表。以降、マイクロプロセッサと CPU は同じ意味で用い

られるようになった。マイクロプロセッサなど演算を主とする集積回路は現在ロジックチップ、あるいはロジック半導体とも呼ばれている。

インテルのマイクロプロセッサ4004のチップは、幅3ミリメートル×4ミリメートルのサイズの中に2300個のトランジスタが形成され、一度に処理できるデータ量は4ビット（bit）、クロック周波数は108キロヘルツ（KHz）である。

ビットとはコンピュータにおける情報の最小単位であり、「0」か「1」の値をとって2進数の数を表す。4ビットなら、「0」か「1」を示す数字カウンタが4つあると考えればよい。なお、8ビットをひとまとまりにした情報量の単位をバイト（byte）※と呼ぶ。

また、クロック周波数とは、マイクロプロセッサの動作タイミングを揃えるために規則正しく刻まれる電気信号の周期を示すものであり、周波数が高くなるほど処理速度が上がっていく。

次の表は、30年の間に登場したインテルの主なマイクロプロセッサについて、チップあたりのトランジスタ数やビット数、クロック周波数についてまとめたものである。

これを見ると、集積度と処理性能が加速的に向上していることは一目瞭然である。クロック周波数は途中で単位が変わるので分かりにくいが、Pentium4の3.80GHzは、4004の108KHzの実に約3万5200倍にあたる。

表にある「プロセス」とは微細化の指標であり、「製造プ

ロセスルール」ともいう。これは、半導体チップ上に作られた回路の最小線幅あるいは最小加工寸法を表しており、4004 の 10μm（マイクロメートル）＝ 0.01 ミリメートルと、Pentium4 の 180nm（ナノメートル）＝ 0.00018 ミリメートルで比較すると、30 年間で 1000 分の 18 のサイズまで微細になっていることが分かる。

型番	発表年	プロセス	トランジスタ数	ビット数	クロック周波数
4004	1971	10μm	2,300	4 ビット	108KHz
8008	1972	10μm	3,500	8 ビット	200KHz
8080	1974	6μm	6,000	8 ビット	2MHz
8085	1976	3μm	6,500	8 ビット	2MHz
8086	1978	3μm	2 万 9,000	16 ビット	5～10MHz
80286	1982	1.5μm	13 万 4,000	16 ビット	6～12.5MHz
Intel 386	1985	1.5～1μm	27 万 5,000	32 ビット	16～33MHz
Intel 486	1989	1～0.6μm	120 万	32 ビット	16～100MHz
Pentium	1993	0.8～0.35μm	310～320 万	32 ビット	60～300MHz
Pentium II	1997	0.35～0.18μm	750 万	32 ビット	233～450MHz
Pentium III	1999	250～130nm	950 万	32 ビット	450～1.40GHz
Pentium4	2001	180nm	4,200 万	32 ビット	1.40～3.80GHz

インテルのマイクロプロセッサにおける微細化と集積度増大

インテルホームページの資料から著者作成

ただし、プロセスのサイズに関しては、集積回路の種類やメーカーによって回路上の異なる箇所の寸法で判断しているため、あくまでも相対的な指標とみなすべきである。

　インテルが世界初のマイクロプロセッサを発表した後、1969 年設立の米 AMD（Advanced Micro Devices）、通信機製造大手の米モトローラ、元インテル社員が 1974 年に設立した米ザイログも同様の製品を開発した。このうち AMD とザイログはインテルのマイクロプロセッサと互換性のある製品を手掛けている。中でもザイログの Z80 は大変な人気を博した。

Keyword

【半導体チップ】フォトリソグラフィ技術により、円盤状のシリコン・ウェハーに複数の半導体チップを碁盤の目状に形成する。そこから切り出したチップを「ダイ」といい、ボンディングフレームと呼ばれる基板上で端子へと配線されモールド材で封止されることで製品になる。

【バイト（byte）】8 ビットをひとまとまりにした情報量の単位をバイト（byte）という。コンピュータが扱うデータ量はバイトで表記されることが多く、たとえば英語のアルファベットでは 1 文字につき 1 バイト分の所定のビット列が割り当てられている。1 文字＝ 1 バイトなのでこれをシングルバイト文字という。一方、日本語の漢字には 1 文字ごとに 2 バイト分のビット列が割り当てられているので、これはダブルバイト文字という。なお、コンピュータでは色にも所定のビット列が割り当てられており、1 バイトのビット列で 256 色を、3 バイトのビット列で 1,677 万 7,216 色を指定できる。

【1970 年代】半導体メモリの登場

　マイクロプロセッサの登場と時系列は前後するが、実はインテルが最初に発売した製品はコンピュータのメインメモリに使われる DRAM（Dynamic Random Access Memory、ダイナミック RAM）である。1970 年に発売され世界初の商用 DRAM となった 1103 の容量はわずか 1024 ビットであった。

　1960 年代までメインメモリには磁気コアと呼ばれる装置が使われていた。これは格子状に並んだ金属のリングをワイヤーで接続したもので、磁化したリングを「1」、磁化していないリングを「0」としてデータを記憶する。ワイヤーにはリングの磁化と、各リングの磁気を読み取る働きがある。

　だが、ワイヤーやリングの微細化には限度がある。そこで、1960 年代のうちに IBM はトランジスタとコンデンサ（電気を蓄えたり放出したりする電子部品）を組み合わせて記憶素子とする方式を開発し、その後、インテルが同様の回路を集積回路上に形成して DRAM を完成させた。DRAM など半導体を用いたメモリは現在、半導体メモリと総称される。

　DRAM についてはその後、日本メーカーが市場を支配する時期が続いたため、インテルは 1985 年に DRAM 事業からの撤退を決定し、経営資源をマイクロプロセッサ事業に集中させる方針を打ち出した。

【1970年代】マイクロソフトとアップルが創業

　1974年末、米MITS（マイクロ・インストルメンテーション・アンド・テレメトリ・システムズ）が、初のパーソナルコンピュータ（当時はマイクロコンピュータと呼んだ）として「Altair（アルテア）8800」を開発した。マイクロプロセッサにはインテルの8080を採用し、メモリは256バイト、ディスプレイやキーボードは付属しておらず、補助記憶装置も使えず、プログラムに使えるのは機械語だけという仕様のコンピュータである。

　現在のパーソナルコンピュータ（以下、パソコン）とは大きくかけ離れた製品ではあったが、これをきっかけにして米マイクロソフトとアップルが誕生する。

　当時、ハーバード大学の学生だったビル・ゲイツは、Altair 8800を紹介する『ポピュラーエレクトロニクス』誌1975年1月号を読んだ後、MITSに同機用のBASICインタプリタを開発したと電話した。BASICとは1964年に米ダートマス大学で開発されたプログラミング言語であり、インタプリタとはプログラムを逐次翻訳してコンピュータに実行させる仕組みのことである。

　しかし、開発したというのは真っ赤な嘘で、ゲイツとその仲間であったポール・アレンはMITS側に面会を求められた段階で初めてBASICインタプリタの作成に取り掛かる。結果的にメインメモリを4キロバイトに拡張したAltair 8800向け

BASIC インタプリタは無事完成し、ロイヤリティーを得ることになったゲイツとアレンは 1975 年 4 月にマイクロソフトを創業した。

　ゲイツたちの動きとは別にスティーブ・ジョブズもまた、同じ雑誌を読んで Altair 8800 の存在に注目していた。より低価格のマイクロコンピュータを作って販売しようと考えた彼は、当時ヒューレット・パッカードで働いていたスティーブ・ウォズニアックに声をかけ、1976 年 4 月にアップルコンピュータ（現アップル）を創業する。

　同年 7 月に発売した「Apple Ⅰ（アップル・ワン）」は基盤のみで、基本構成は 4 キロバイトのメインメモリ、キーボード、モノクロディスプレイ、外部記憶装置用のカセットインターフェースとなっていた。これは資金的な制約で約 200 台の製造に終わったが、次いで 1977 年に発売された「Apple Ⅱ（アップル・ツー）」は、はじめからキーボードやカラーディスプレイ、2 台のフロッピーディスクドライブがセットになった現在のパソコンを思わせる構成となっており、こちらは大いに人気を博することになった。

　なお、Apple Ⅱ 発売と同年の 1977 年には、後に世界最大のデータベース管理システム（DBMS：Data Base Management System）を提供する会社となる米オラクル（当時は Software Development Laboratoriess）も創業している。

【1980年代】Mac OS と Windows の登場

　マイクロソフトとアップルは1980年代に入り、さらにパソコン市場を牽引していく。マイクロソフトは1981年、IBMの依頼で「IBM PC」用のOS「MS DOS（IBM側の呼称はPC DOS）」を開発した。これは圧倒的な販売数を記録してマイクロソフトを大企業に押し上げる。なお、IBM PCにはインテルのマイクロプロセッサが搭載されていた。

　また、アップルは1984年、「Macintosh（マッキントッシュ）128K」を発売し、そのOS「Mac OS」では初めて本格的なGUI（グラフィカルユーザーインターフェース）※が導入される。これにより、それまでのパソコンではコマンドを入力して操作していたものが、Mac OSではアイコンやウインドウ、スクロールバー、メニュー、各種ボタン、チェックボックスなどで操作できるようになった。

　その翌年の1985年にはマイクロソフトがMac OSのようなウインドウやメニューによるGUIを備えたOS、Windows1.0を発表する。ただし、この段階では独立したOSではなく、MS DOS上で動作する形をとっていた。

　IBMは1984年に「IBM PC/AT」を発売し内部仕様を公開したことから、1982年創業の米コンパック・コンピュータ（2002年にヒューレット・パッカードへ吸収合併）や、1984年創業の米デルなど多くのメーカーがその互換機を発売する。

　IBM PC/AT は漢字を扱えなかったため、日本ではその互換機も含めあまり普及しなかったが、1990 年には日本アイ・ビー・エムが IBM PC/AT 互換機で稼働する OS「DOS/V」を開発し、DOS/V 機と呼ばれる互換機が次第に普及していく。

　このほか、1980 年代のコンピュータ業界のトピックとして、ヒューレット・パッカードが 1980 年に同社初となるパソコン「HP-85」を発売したことや、UNIX 系 OS によるワークステーション（大型汎用機とパソコンの中間的な製品）を主に展開するサン・マイクロシステムズが 1982 年に創業したことなども挙げられる。

　なお、この頃に登場した代表的なプログラミング言語として、1983 年の C++ 言語、1987 年の「Perl（パール）」が挙げられる。また、1984 年に米アドビが開発したページ記述言語「PostScript（ポストスクリプト）」は、出版物の作成をコンピュータで行う DTP（DeskTop Publishing、デスクトップパブリッシング）の普及を推し進めた。

Keyword

【GUI（グラフィカルユーザーインターフェース）】画面上に表示されたアイコンなどをマウスやタッチパネルなどで選択して、コンピュータやスマートフォンを操作する仕組みのこと。

【1980年代】大規模集積回路（LSI）の時代へ

　1980年代になると、マイクロプロセッサは8ビットから16ビットの時代に入り、後半には32ビットの製品も登場した。

　そして、微細化と集積度の増大も進行する。まず、インテルが1982年に発売した80286は1.5μm（マイクロメートル）プロセスで13万4000個のトランジスタを搭載し、1985年のIntel 386は最小1μmプロセスで27万5000個のトランジスタを搭載している。さらに、1989年のIntel 486では最小0.6μmプロセスで120万個のトランジスタを搭載するに至った。

　マイクロプロセッサは論理ゲート（論理回路の最小単位）の数で世代分けがなされるようになり、最初期のものは「SSI（Small Scale Integration、小規模集積回路）」、論理ゲートの数が約100〜1000のものは「MSI」（Medium Scale Integration、中規模集積回路）、それを超え約10万までのものは「LSI」（Large Scale Integration、大規模集積回路）と呼ばれる。

　1980年代以降は、論理ゲートの数が10万を超える「VLSI」（Very Large Scale Integration、超LSI）や100万を超える「ULSI」（Ultra-Large Scale Integration）も現れた。たとえば、Intel 486はそのULSIにあたる。ただし、現在はこうした細かい分類はなされず、単にIC（集積回路）の言い換え語とし

てのみ「LSI」が使われることが多い。

【1980 年代】フラッシュメモリの発明

　1980 年代には半導体メモリの分野にも DRAM 以来の画期的な製品が誕生した。1980 年に、当時東芝の技術者だった舛岡富士雄が開発したフラッシュメモリがそれである。DRAM は電源を落とすと記憶していた内容が消えるが、フラッシュメモリは電源なしでも記憶を保持できる。そうした特徴から DRAM は揮発性メモリ、フラッシュメモリは不揮発性メモリと呼ばれる。磁気テープやフロッピーディスクも不揮発性メモリの一種だが、半導体を用いたフラッシュメモリはそれよりもずっと早い速度でデータの読み書きができる。

　しかし、東芝はフラッシュメモリのニーズに最初は気づかず、1984 年にようやく製品化される。舛岡は 1987 年には、より低いコストで製造できるフラッシュメモリの特許を提出するが、やはり東芝の反応は鈍く開発資金の調達に苦労した。結局、フラッシュメモリに最初に注目したのはインテルで、1988 年にフラッシュメモリ事業を開始している。また東芝は 1992 年に韓国のサムスン電子とフラッシュメモリの共同開発を行った際に技術供与を行い、さらに 2018 年にはフラッシュメモリ事業を売却した。

　フラッシュメモリは現在、メモリカードや USB メモリのほ

か、スマートフォンやノートパソコンのストレージとして広く使われている。

【1980年代】第2次AIブームの到来

　1980年代には、「エキスパートシステム」を中心に第2次AIブームも盛り上がっていた。エキスパートシステムとは、特定の専門知識をコンピュータが理解できる形で事前に学習させておき、質問すると推論によって適切な回答をするというものである。つまり、専門家の代わりをコンピュータにしてもらう仕組みといっていい。

　エキスパートシステム自体は1960年代に開発されており、未知の有機化合物を特定する「DENDRAL（デンドラル）」というシステムや、感染症を診断し抗生物質を処方する「MYCIN（マイシン）」というシステムが知られていた。

　1980年代にはアメリカの大企業の多くが業務にAIを取り入れていたといわれ、現在のChatGPTのブームを思わせる盛り上がりを見せていた。しかし、専門的な知識をコンピュータに学習させるには専門家からの聞き取りが必要で、分野次第でそれは膨大な量に上る。また、特定の専門分野だけでなく、幅広い分野の質問に答えられるものを作ろうとすると、一般常識的な知識を学習させる必要があり、それもまた膨大な量となってしまう。

　コンピュータに学習させる知識内容は人間の手で入力しなければならず、個々の知識の相互関係まで記述しなければならない。こうした作業の膨大さから、結果的に 1990 年代半ばには第 2 次 AI ブームは終焉した。

【1990 年代】インターネットの普及

　1990 年に入るとマイクロソフトはさらに躍進する。まず、1990 年に発売された Windows3.0 はパソコンの OS として大きくシェアを広げ、1995 年にはインターネット※に接続する機能を搭載した Windows95 が大いに人気を博す。

　またアップルは、いったん会社を追放されていたスティーブ・ジョブズが 1997 年に復帰し、翌年に iMac を発表する。iMac は鮮やかなスケルトンカラーの筐体 (きょうたい) が話題になったほか、インターネット閲覧に必要なすべてを備えていたこともあり、Windows ユーザーからの乗り換えもみられた。

　そのインターネットを支えたのは、ネットワークを中継するルーターと呼ばれる機器に搭載された高速に動作する通信用の集積回路である。これがなければインターネットの利用はせいぜいメールの送受信や文章の転送にとどまり、写真や音楽、動画、テレビ会議、ゲームなどを楽しめる時代はこなかった。

　1990 年代にはノート型パソコンも広く普及し始め、メーカー各社はその開発にしのぎを削る。中でも IBM が 1992 年に発

売した「ThinkPad（シンクパッド）700」は、それに続くシリーズ製品を含め大ヒット製品となった。この ThinkPad は、神奈川県の日本アイ・ビー・エム大和研究所で生まれたことでも知られる。

1990 年代にはインテルが 32 ビットのマイクロプロセッサ、Pentium（ペンティアム）シリーズを発表し、1993 年には初代 Pentium を、1997 年には Pentium II を、1999 年には Pentium III を、2001 年には Pentium4 を発売した。

ここで注目したいのはスペックの表記法であり、Pentium III からはプロセスの表記の単位がそれまでの「μm（マイクロメートル）」の 1000 分の 1 である「nm（ナノメートル）」へ切り替わり、進行していく微細化に対応した。また、クロック周波数の単位も、Pentium III からは「MHz（メガヘルツ）」から 1000 倍の「GHz（ギガヘルツ）」へ切り替わっている。そ

Keyword

【インターネット】1969 年、米国防総省管轄の「ARPAnet（アーパネット）」というネットワークシステムが、一部の大学と研究所を結ぶようになる。その後、ARPAnet に参加できない大学や研究所を結ぶネットワークが広がり、1970 年代末には全米のネットワークが相互接続されインターネットという呼称が生まれた。商用インターネットは 1989 年頃に始まり、1990 年には CERN（欧州原子核研究機構、セルン）の科学者が www（World Wide Web）を開発し、1993 年にソースコード（プログラム内容）を一般に公開する。これにより、ウェブサイトが作られるようになりインターネットが一気に普及した。

こで、最後の Pentium4 のスペックは 180nm プロセス、4200
万トランジスタ搭載、クロック周波数 1.40 ～ 3.80GHz と表
記されている。

【1990 年代】AI がチェスチャンピオンに初勝利

　1990 年代には AI に関する大きなニュースもあった。80 年
代からの AI ブームは 1990 年代半ばにいったん終わってしまっ
たが、それとは別に 1997 年には IBM のスーパーコンピュー
タ「ディープブルー」が当時のチェス世界チャンピオンに勝利
し話題を集めている。

　AI にチェスをさせるには、第 1 次 AI ブームの際に研究され
たコンピュータによる探索を応用する。しかし、チェスのよう
に対戦相手がいるゲームでは駒を動かすパターンを何手も先ま
で探索すると膨大な選択肢になる。チェスではおよそ 10120
通りという途方もない数となり、初期のコンピュータで人間の
名人クラスに勝つのは難しかった。

　そのため、探索範囲をなるべく少なくするプログラム上の工
夫がなされ、また集積回路の進化に伴うコンピュータの性能向
上が図られたところ、1997 年になってようやく人間のチェス
世界チャンピオンに AI が勝てるところまで到達したのである。

【2000年代】様変わりした半導体の業界地図

　2000年代に入る頃には、半導体デバイス（半導体を用いた電子部品）産業を、大きく3つのカテゴリーに分類するのが一般的になっていた。すなわち、マイクロプロセッサなどのロジックチップ分野、DRAMやフラッシュメモリなどのメモリチップ分野、そしてアナログチップ分野の3つである。

　アナログチップとは、視覚信号や音声信号といったアナログな情報をデジタルデータに変換する半導体のことであり、デジタルカメラで光の情報をデジタルデータに変換するイメージセンサーや携帯電話において通信をつかさどる無線周波数チップなどがそれにあたる。こうしたアナログチップはほかの2つの分野とは違い、集積度の向上を追求する必要はない。

　そのほか、家電機器や自動車などに組み込まれる制御用の半導体デバイスは「マイコン」あるいは「MCU（Micro Controller Unit）」と呼ばれ、これもまた大きな市場を維持している。

　半導体産業では1990年代から製品の企画、設計、マーケティングを行う会社と、製造のみを行う会社という形での分業化が進んでおり、前者をファブレス（工場なし）企業、後者をファウンドリと呼ぶ。また、半導体チップの設計のみを分業するデザインハウスと呼ばれる業態も現れている。

　ロジックチップ分野ではインテルを除き、アメリカのメー

カーの多くは製造を外部委託するようになっており、インテル互換のマイクロプロセッサで業績を伸ばしてきた AMD も 2009 年に製造部門を新会社「グローバルファウンドリーズ」として分社化し、自社では製造を行わなくなった。

　こうした分業化は、ファブレス企業にとっては生産設備への投資負担をなくし、ファウンドリにとっては投資を製造技術に集中させられるというメリットがある。なお、企画、設計、マーケティングのほか製造まで行う従来からの半導体企業は IDM（Integrated Device Manufacturer、垂直統合型）と呼ばれている。

ロジックチップ	メモリチップ	アナログチップ
マイクロ プロセッサ	DRAM メモリ フラッシュメモリ	イメージセンサー 無線周波数チップ 等

半導体産業の主な 3 つの分野

【2000年代】マルチコアプロセッサの開発

　業務用の高性能なコンピュータであるワークステーション
や、ネットワークにおいて中心的な働きをするサーバーでは以
前から、複数のマイクロプロセッサを搭載するケースがあった。
それと同じ発想で、ひとつのマイクロプロセッサの中に、その
中核部品であるコアを複数搭載する仕様をマルチコアという。

　インテルは2005年、コアを2つ持つ"デュアルコア"のマ
イクロプロセッサ「Pentium Extreme Edition（ペンティアム・
エクストリーム・エディション）」を発表し、次いで2006年
には2コアの「Core2 DUO（コア・ツー・デュオ）」と、ゲー
ム等のクリエイター向けの4コア製品「Core2 Extreme（コア・
ツー・エクストリーム）」を発売した。

　さらに、2007年には一般向けパソコン用の4コア製品「Core2
Quad（コア・ツー・クアッド）」を、2008年には人気シリー
ズとなった「Core i7（コア・アイ・セブン）」を発売した。こ
のCore i7は2023年8月現在、"第13世代"として16コア
の製品が販売されている。さらに、上位モデルのCore i9は
24コアを搭載している。

　2000年代に入ってなおインテルが躍進を続けられるのは、
パソコンの普及期にIBMが同社のマイクロプロセッサを採用
したことが大きな理由となっている。パソコン市場において大
きなシェアを獲得したインテル製のマイクロプロセッサ、なら

びにそれと互換性のある AMD 製品などは同じ機械語命令（命令セット）で動作しており、その仕様を「x86 アーキテクチャ」と呼ぶ。

　インテルは 2000 年代半ばには、パソコン市場だけでなく、データセンターのサーバーにおいても x86 アーキテクチャを業界標準に押し上げることに成功し、この分野では唯一の競争相手として AMD が残った。さらに、2006 年には、それまでインテルのマイクロプロセッサを使ってこなかったアップルのコンピュータ Mac シリーズに、同社の製品を採用させることにも成功した。

【2000 年代】スマホ市場に乗り損ねたインテル

　ところが、2007 年の初代 iPhone（アイフォン）登場以降からインテルの躍進に陰りが生じる。ジョブズはインテルに対し、iPhone 向けのマイクロプロセッサの製造を打診するが、iPhone がそれほど売れないと判断したインテルは価格の折り合いがつかないとして断ったのである。

　結局、iPhone のマイクロプロセッサには、x86 アーキテクチャよりも電力消費が少なく携帯機器向きであった ARM アーキテクチャが採用され、製造はサムスン電子が行うことになる。ARM アーキテクチャは半導体デバイスの設計を行う英アームの開発であり、この会社はそもそも 1990 年にアップルがパー

トナー企業との合弁事業として設立したものだった。

　現在流通している半導体チップの3分の1近くは携帯機器で使われているといわれているが、インテルはその巨大な市場に乗り遅れ、そのまま追い付けないでいる。

【2000年代〜】第3次AIブームの到来

　2000年代に入ると第3次AIブームが盛り上がり始め、2023年現在もそれが続いている。あるいは、2020年代に入りChatGPTなどの生成AIを中心とした第4次ブームが始まっていると考える者もいる。

　第3次AIブームの主なテーマは、コンピュータが自ら学ぶ「機械学習」である。第2次AIブームの際、人間の手によって知識をコンピュータが理解できる形にして学習させていたことを考えるとこれは大きな進化といってよい。さらに、第2次AIブームのときは、膨大に存在する一般常識的な知識をどう網羅するかというハードルがあったが、今回はそうした膨大な知識をインターネットから拾い上げることが可能となっている。

　なお、機械学習には膨大なデータを演算するマイクロプロセッサの能力が要されるため、ムーアの法則どおりに集積回路の集積度が増大していなければ、これは決して実現しなかった。生成AIについても同様である。

　機械学習と生成AIについてはそのままChatGPTと地続きの話になるので、これについてはAIの現在地点としてのChatGPTについて述べる次の第3章で詳しく説明する。代わりにここでは、2010年代に第1次AIブームと第2次AIブームの延長線上の研究が大きな成果を見せたことについて触れておこう。

【2010年代】第1次・第2次AIブームの成果

　第1次AIブームは論理回路が得意とする推論や探索を用いるものであり、ブームとしては1970年代に入る頃にいったん終わったものの、集積回路の進化に伴い1997年にはIBMのスーパーコンピュータ「ディープブルー」が当時のチェス世界チャンピオンに勝利する。さらに、2010年代には探索による攻略がチェスよりも難しいとされる将棋にもAIは勝利した。

　将棋は相手から取った駒を使うことができ、"成り"という仕組みがあるためチェスよりもさらに探索の領域が広く、およそ10220通りになる。さらに囲碁では10360通りになる。

　ところが、2012年には将棋プログラム「ボンクラーズ」が米長邦雄永世棋聖に勝利し、2016年にはグーグルの子会社である英ディープマインドが開発した囲碁プログラム「アルファ碁（AlphaGo）」が、囲碁界のトップ棋士のひとりとされる韓国の李九段に勝利している。

これにはプログラム技術の進化もさることながら、やはりマイクロプロセッサやメモリの集積度向上をはじめとするハードウェア全般の性能向上が大きく寄与したことは間違いない。なお、米長永世棋聖に勝利したボンクラーズを動かしていたハードウェアは、6コアの「Intel Xeon（ジーオン）E5690」を2個搭載したブレードサーバーを6ブレード使用したものだった。

　集積回路の進化により現在では、一流の棋士と張り合えるレベルの将棋プログラムを実行できるパソコンを個人でも入手できる。たとえば、史上最年少で名人になり史上初の八冠全冠制覇を達成した藤井聡太はAMDの64コア・マイクロプロセッサ「Ryzen Threadripper（ライゼン・スレッドリッパー）3990X」を使った自作パソコンで将棋の研究を行っていると報じられている。AMDはこれを受けて「Ryzen Threadripper PRO」搭載パソコンを藤井に提供。さらに、自社ブランドの広告にも出演させている。

　2010年代には第2次AIブームの延長線上の研究でも大きな成果が出た。1980年代の第2次ブームは、特定の専門知識をコンピュータに回答してもらう「エキスパートシステム」において、個々の知識の相互関係を記述することがハードルとなって終焉したが、その後、ある知識と別の知識との関係性を自動的に見つけさせる方法論の研究が進んだ。それにより、IBMが開発したAI「ワトソン」は2011年、アメリカのクイ

ズ番組において歴代のチャンピオンと対戦して見事勝利を収め
ている。

【2010 年代】脚光を浴びるエヌビディアの GPU

　アップルは 2010 年発売の iPhone4 から、ARM アーキテク
チャを採用した自社開発の A4 プロセッサを導入する。こうし
た自社開発のマイクロプロセッサは Apple シリコンと総称さ
れ、2020 年以降、Mac シリーズへの導入も始まる。その結果、
2023 年にはインテルのマイクロプロセッサを搭載した Mac シ
リーズの新規発売はゼロとなった。

　なお、2023 年現在、iPhone 向けのマイクロプロセッサは台
湾の TSMC（台湾積体電路製造）でのみ製造されている。こ
の会社は最初に集積回路を開発したうちの一社であるテキサ
ス・インスツルメンツで集積回路事業全体を監督していたモリ
ス・チャンが 1987 年に創業したファウンドリである。

　アップルという顧客を失ったインテルは、2010 年代には別
の異変に見舞われた。前述のとおり、データセンターにおいて
大きなシェアを獲得してきたインテルだったが、AI による機
械学習が盛んになると米エヌビディアの GPU（グラフィック・
プロセッシング・ユニット）が脚光を浴び、データセンターへ
の大規模な導入が始まったのである。

　エヌビディアは 1993 年に創業し、3D 画像の処理を行う

GPUの開発を行ってきた。ところが、2010年初頭にGPUの高速並列処理機能がAIの機械学習を効率よく行うことが明らかになると、同社製品のデータセンターへの導入が始まり、2010年代後半には株価も急上昇する。

さらに、こうした動きに反応してか、グーグル、米アマゾン、マイクロソフト、米フェイスブック（現メタ）、中国のテンセントやアリババなどクラウド事業を行う大手が、データセンターにおける機械学習に特化したプロセッサの設計を始めている。

なお、2020年代初頭の時点で半導体デバイスメーカーの売上は、ロジック半導体分野ではインテル、AMD、エヌビディアが上位に食い込み、半導体メモリ分野ではサムスン電子、米マイクロン、韓国のSKハイニックスが上位に位置している。そのほか、主に無線通信用半導体デバイスを扱う米クアルコムや米ブロードコムも上位の常連陣となっている。

【2010年代〜】ムーアの法則はどうなったのか？

集積回路の集積度の増大化は、その目安としてのムーアの法則に沿った集積度をいかに達成するかという競争でもある。これは熾烈な戦いであり、マイクロプロセッサに関して最先端の製品を製造できるのは、インテル、サムスン電子、TSMCの3社だけになってしまった。

　「微細化の限界が見えてきた」「集積度の増大に陰りが見られ
る」という意見も見られるが、これまでとは異なるアプローチ
による集積度増大も試みられており、ムーアの法則が終焉する
と主張する"終焉説"と、まだまだ延命すると主張する"延命
説"が混在した状況といえる。ムーアの法則の現在とこれから
については第 6 章で詳しく触れていこう。
　本章では集積回路の集積度を軸にして、コンピュータと AI
の歴史を振り返ってきた。次の第 3 章では機械学習を中心と

大きさ の目安	微細化の目安	製品	トランジスタ （素子）の数	数の 目安
10^{-1}m	10cm	真空管	1	-
10^{-2}m	1cm	トランジスタ	1	-
10^{-6}m	6μm (0.06mm)	マイクロプロセッサ （1970年代）	6000	10^3
10^{-6}m	1μm (0.001mm)	マイクロプロセッサ （1980年代）	27万	10^5
10^{-7}m	0.2μm (0.0002mm)	マイクロプロセッサ （1990年代）	700万	10^6
10^{-8}m	45nm (0.000045mm)	マイクロプロセッサ （2000年代）	7億3100万	10^8
10^{-8}m	14nm (0.000045mm)	マイクロプロセッサ （2010年代）	32億	10^9

微細化と集積度の相関関係
* 各年代の中頃に発売された代表的な製品で比較。微細化のスケールが
小さくなるほどに、集積度が増大することが分かる。

する 2000 年代以降の第 3 次 AI ブームについて、ディープラーニング、生成 AI、大規模言語モデル（LLM）、ChatGPT に至る流れを解説する。

第 **3** 章
AI の現在位置としての ChatGPT

10 秒で分かる第 3 章のポイント

- 2000 年代以降の第 3 次 AI ブームのメインテーマは機械学習。
- 機械学習の一手法「ディープラーニング」で大規模言語モデル「GPT」
  を開発。
- ChatGPT は次にくる確率の高い単語を選んで文章を生成している。

ChatGPT を背後で支える大規模言語モデル

　ChatGPT が反響を呼んだ理由のひとつに、違和感のない自然言語（人間が日常的に用いている言語）でのやり取りが挙げられる。これは実際に使ってみれば一目瞭然であり、たとえば、「機械学習の研究における ChatGPT の位置付けを紹介してください。字数は 150 字程度とします」と質問すると、次のような答えが返ってくる。

　　ChatGPT は機械学習研究において、対話形式の自然言語生成に焦点を当てた重要なモデルです。GPT-3.5 アーキテクチャをベースにし、オープンドメインの対話や質問応答に優れた性能を示します。その進化はチャットボット、仮想アシスタント、情報検索など多様な応用に影響を与え、自然なコミュニケーションを可能にする鍵となっています。ChatGPT の研究は、コンピュータと人間の間で豊かな対話を実現するための基盤を提供し、自然言語処理分野における大きな前進となっています。

　指定文字数を 50 字以上超過してはいるが、内容自体は人間が書いたものと区別がつかない。さらに、「同じ内容を子どもに分かるように言い換えてください」と追加でリクエストすると、その答えはこうなる。

　ChatGPT は、コンピュータがおしゃべりをするのを勉強している大事なモデルだよ。たとえば、友達とのおしゃべりや質問に答えることが得意で、いろんなことに役立つんだ。これが進化することで、チャットボットやおてつだいロボットがもっと自然な言葉でおしゃべりできるようになるんだ。ChatGPT のお勉強は、コンピュータと私たちがおしゃべりするときに、すごく役立つんだよ。

　これもまた本物の人間とやり取りしているかのような返答である。こうした、コンピュータが自然言語を扱う技術は自然言語処理と呼ばれ、これを背後で支えているのが大規模言語モデ

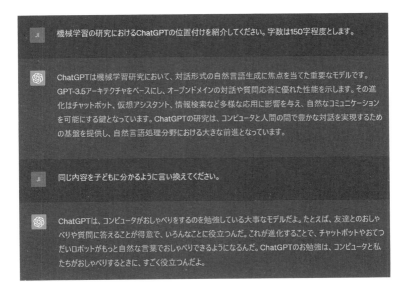

ChatGPT とのやり取り例

ル（LLM = Large Language Models）と呼ばれる、巨大なデータ量で学習したモデルである。ChatGPT の場合、無料版では「GPT-3.5」、有料版では「GPT-4」という大規模言語モデルが適用される。

機械学習と自然言語処理の研究の進展

　大規模言語モデルは、大量の文章をディープラーニングと呼ばれる機械学習の手法でコンピュータに学習させることで得られる。機械学習は 2000 年代以降の第 3 次 AI ブームのメインテーマであり、第 2 次 AI ブームで乗り越えられなかった課題に応えるものと位置付けられる。

　第 2 章で述べたように、第 2 次 AI ブームでは人間の手によって知識をコンピュータに学ばせていたため、開発面で限界があった。しかも、汎用的な AI を目指して一般常識的な知識まで学習させる場合は、途方もないほど膨大な情報を扱わなければならない。開発コスト的にまったく割に合う話ではなく、ブームの終焉も当然のことだった。

　ところが、1990 年代に一般へ普及したインターネットが状況を大きく変える。大量のウェブサイトという形で膨大な情報へのアクセスが可能となったため、コンピュータが自動的にそこから学べるようにする機械学習の研究が進展したのである。

　また、ウェブサイト上の文章を扱うのに必要な自然言語処理

について、統計的自然言語処理という方法が発達した。これは、単語の意味や文法などを考慮せず、統計的に出現度の高い組み合わせで文章を把握する仕組みのことをいう。コンピュータが翻訳を行う機械翻訳にも応用され、英語から日本語への翻訳であれば、"こういう英文はこういう日本文に訳されることが多い"という確率に沿って翻訳文が生成される。なお、現在のChatGPT もこれと似たアルゴリズム※で文章を生成している。これについては本章で後述する。

Keyword

【アルゴリズム】問題を解く手順を定義したもの。コンピュータにおいてアルゴリズムはプログラムとして実行される。

機械学習では"分け方"を自動的に学ぶ

　機械学習でコンピュータが学ぶのは"分け方"である。たとえば、ネコを見分ける AI は、「ネコ」と「それ以外のもの」を分けていることになるが、それには大量の画像データを使った機械学習によってどのように分ければいいかを学ぶ必要がある。その学習を済ませた AI であれば、新しい画像がネコなのかどうかを即座に見分けられる。ネコに共通の特徴を取り出して認識しているところから、これを"パターン認識"と表現して問題ないと考える。

機械学習の主な方法として、「教師あり学習」と「教師なし学習」、そして「強化学習」の３つが挙げられる。まず、「教師あり学習」は正解／不正解のラベル付きのデータによる学習である。ネコを見分けるAIの例でいうと、「ネコ」とラベルが付いたネコの画像を含む大量の画像データで学習させる方法がこれにあたる。次に、「教師なし学習」は、そうしたラベルのないデータを学習させる方法で、これはデータの中から特徴的なパターンを抽出する目的で用いられる。

　そして「強化学習」とは所定のルールを決めておき、それに従う出力に対してはプラスのスコアを、反する出力に対してはマイナスのスコアを与え、なるべく高いスコアを得られるように試行錯誤させる方法である。これにより、所定のルールに準拠した動作をAIにとらせることが可能となる。ChatGPTなどの対話型AIの多くが、犯罪を助長する発言など倫理に反する回答をしないのは、強化学習による教育がその背後にある。

特徴を自ら見いだすディープラーニング

　機械学習ではコンピュータが自ずと"分け方"を学ぶ。しかし、その学習が効果的に行われるには、読み込ませるデータの特徴を数値化することが必要で、これを特徴量設計という。機械学習の精度を上げるには適切な特徴量設計が不可欠だが、これは人間が行わなければならず、それにはある種の職人芸のよ

うなところがあるといわれる。

　そこで 2012 年に登場したのが、適切な特徴量をコンピュータが自ら見いだして機械学習を行う「ディープラーニング（深層学習）」という方法である。これは、トロント大学の教授であるジェフリー・ヒントンが中心になって開発したもので、人間の脳神経回路の働きを模した「ニューラルネットワーク」と呼ばれるアルゴリズムを、多階層にしたものと説明されている。

　ディープラーニングのアルゴリズムは非常に複雑だが、突き詰めると四則演算、比較演算、論理演算などに還元される。コンピュータの演算は集積回路上のトランジスタが構成する論理回路によって行われるのだから、それは当然の話である。

　ディープラーニングの発表と同年、米グーグルの研究者らは「グーグルのネコ認識」と呼ばれる研究を発表する。同研究では、YouTube の動画から抽出した 1000 万枚の画像をディープラーニングによってコンピュータに学習させたところ、「ネコ」の画像を見分けさせることに成功した。ただし、その学習には 1000 台のコンピュータを 3 日間稼働させるという途方もない演算量を必要とした。

　第 2 章でも触れたが、そうした機械学習における膨大な演算量を処理するのに適しているとして脚光を浴びたのが米エヌビディアの GPU である。GPU はもともとゲームなどの映像を高速処理して滑らかに描画する目的のために多くのコアを擁しており、一般的なマイクロプロセッサが数個〜数十個のコアを

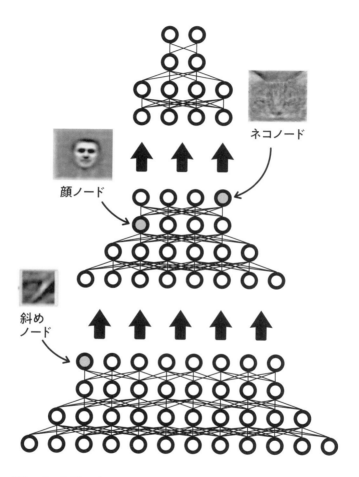

ネコノード

顔ノード

斜め
ノード

「グーグルのネコ認識」ディープラーニングの模式図

出典：Google 発表資料を参考に作成

持つところ、GPU は数百から数千個のコアを持つ。多数のコアによる高速な演算能力は機械学習に最適であり、第 3 次 AIブームをハードウェア面から支えているのである。

　GPU に対する需要の急速な高まりとともに同社の株価は上がり続け、2023 年 5 月 30 日には史上 8 社目となる時価総額1 兆ドル超えを記録している。しかし、エヌビディアは何もないところからいきなり高性能の GPU を作り出したのではない。その技術は集積回路の進化の歴史の延長線上で生まれたものであり、先人たちによる微細化と集積度増大への取り組みがなければ機械学習が可能なコンピュータは存在し得なかった。

機械学習を巡る IT 業界大手の動向

　機械学習への投資熱はディープラーニングにより加速し、ChatGPT の出現によってさらにその勢いを増している。IT 業界大手の動向として、たとえばグーグルは 2013 年、ディープラーニングの開発者であるジェフリー・ヒントンのベンチャー、DNN リサーチを買収している。さらに、2014 年には英ディープマインドを 4 億ドルで買収した。

　第 2 章で紹介したとおり、ディープマインドが開発した囲碁プログラム「アルファ碁（AlphaGo）」は 2016 年、囲碁界のトップ棋士のひとりとされる韓国の李九段に勝利している。同社は 2021 年には大規模言語モデル「Gopher」を発表して

おり、グーグル本体も 2021 年に大規模言語モデル「LaMDA」を、2022 年に大規模言語モデル「PaLM」を開発している。さらに、2023 年には対話型検索 AI「Bard」を公開した。

そして、米メタ（旧フェイスブック）は 2013 年に人工知能研究所を設立し、2022 年には大規模言語モデル「OPT-175B」をオープンソース※で公開している。さらに、2023 年には研究者向けに大規模言語モデル「LLaMA」を発表した。

機械学習分野のハードウェア面での牽引役となってきたエヌビディアも 2021 年、マイクロソフトと共同開発した自然言語生成モデル「MT-NLG」を公開している。また、2023 年からは、グーグルのクラウドからエヌビディアの生成 AI サービスを利用できる仕組みも提供している。

なお、日経新聞（2023 年 6 月 16 日号）の報道によると、生成 AI 関連の特許出願件数が一番多いのはグーグルの 19 件で、マイクロソフトが 12 件でそれに続くという。ChatGPT の開発元である OpenAI は特許を取得していない。

Keyword

【オープンソース】プログラムの内容を広く公開し、無償での自由な使用や複製、改変、再配布、別のプログラムへの組み込みなどを許可する考え方。また、そのような考えで公開されたプログラム自体のこと。

Siri と ChatGPT の違い

　ChatGPT の登場以前から、機械学習の成果はグーグル検索やネット広告のアルゴリズム、迷惑メールのフィルタリング、金融商品の自動売買システムなどで活用されている。また、自然言語処理を生かしたiPhoneのバーチャルアシスタント「Siri※」や、「Alexa」などのスマートスピーカーでは、話しかけて機器を操作できることが多くのユーザーに鮮烈な印象を与えた。

　自然言語でやり取りできるという点で Siri と ChatGPT はよく似ている。しかし、Siri の回答は ChatGPT に比べると比較的定型的であり、文章をゼロから生成しているわけではないと見られる。ChatGPT のほうが技術的に進んでいるのは確かだが、むしろ回答内容をアップルがコントロールしている Siri のほうが安心して使えると考えることもできる。日本語で話した文章を英語に翻訳する場合でも、Siri の翻訳文の精度は十分に高い。

　なお、生成 AI の分野で ChatGPT よりも先に注目を集めたのは、「Midjourney」や「Stable Diffusion」などの画像生成 AI である。これらは、画像の内容や描画スタイルなどを言葉で指定するとそれに沿った画像が出力される仕組みであり、上手に使うと非常にクオリティーの高い画像を得られたため2022 年の夏頃、大いに話題となった。そして、画像生成 AI への興奮がいまだ尾を引く最中、同年 11 月、ついに ChatGPT

が世に登場したのである。

大規模言語モデル「GPT」シリーズの開発

　ChatGPT の前にまず開発されたのが大規模言語モデル「GPT」である。OpenAI は、グーグルが開発したニューラルネットワーク「Transformer」を使い、大規模言語モデル「GPT（Generative Pre-trained Transformer）」を開発した。（初代）GPT ならびに GPT-2 もそれなりに話題となったが、2020 年 6月に公開された GPT-3 からクオリティーが格段に向上し、人間と会話しているのかのような自然な文章が生成されるとして技術者の間で高い評価を得ていた。

　GPT-3 は API[※]として提供されたので一般のエンドユーザーが直接それに触れることは基本的になく、GPT-3 を利用したサービスを通して利用された。こうしたサービスの多くは好評だったことから、次のバージョンと目された「GPT-4」への期待感が高まっていき、"そろそろくるのでは"と予測されてい

たところに、GPT-3.5 と、それを使った ChatGPT が発表された。
2022 年 11 月のことである。

　これにより、大規模言語モデル「GPT」シリーズの実力が一
般に広く知られるところとなった。その後、GPT-4 が 2023 年
3 月に発表され、ChatGPT の有料プランではこれが適用され
ている。

Keyword

【API】Application Programming Interface（アプリケーショ
ン・プログラミング・インターフェイス）の略語。2 つの異な
るソフトウェアやサービス間で情報をやり取りする際に使用さ
れるインターフェースとその仕様を指す。ソフトウェア A がソ
フトウェア B の機能を利用する場合、後者が提供する API に対
してリクエストを送り、それに対するレスポンスを受け取る形
となる。

GPT-3.5 よりも賢い GPT-4

　ニューラルネットワークは人間の脳神経回路の働きを模した
ディープラーニングのアルゴリズムであり、シナプス（神経接
続）に該当するパラメータの数と学習データ量が多ければ多い
ほど学習精度は高くなる。

　GPT-3 の開発では 1750 億個のパラメータ数のニューラル
ネットワークが用いられたところ、GPT-3.5 では 3,550 億

個まで増加した。この段階で、米国の司法試験において下位10%の成績を上げられる状態となっている。

　さらに、GPT-4は詳細非公表ながら、兆単位のパラメータ数のニューラルネットワークで学習させたと考えられており、司法試験で上位10%の成績を上げるところまで賢くなっている。GPT-4はマルチモーダル※処理にも対応しており、たとえば画像ファイルの内容を説明させることも可能である。

　学習データについては、GPT-3.5では2021年9月時点までにインターネットのウェブサイトに存在していた情報をスクレイピングという方法で抽出した「コモン・クロール」というデー

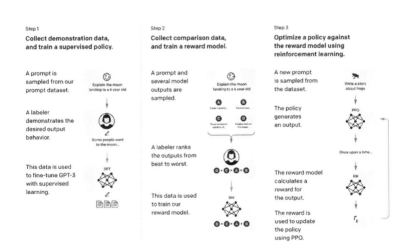

OpenAIによるファインチューニング手法の解説

出典：OpenAIホームページより
https://openai.com/research/instruction-following

タセットを用いている。これには、Wikipedia と一部オフラインの情報も含まれている。データサイズはフィルタリング前で45 テラバイト、不適切な情報をフィルタリングした後で 570ギガバイトである。数字だけ見るとそれほど多く思えないが、テキストデータであることを考えると膨大な文章量である。

　さらに、ChatGPT への適用にあたっては倫理的に不適切な回答が出ないよう強化学習が行われている。これをファインチューニングという。ChatGPT の口調がていねいなのもこうしたファインチューニングによるものと考えられる。

Keyword

【マルチモーダル】従来の AI は、テキストや音声、画像、動画など、それぞれ単一のデータ形式に特化しているが、「マルチモーダル AI」では、そうした複数のデータ形式をまとめて扱うことを目指している。

ChatGPT は質問も回答も理解していない

　大規模言語モデルの学習には膨大な時間とデータ量、演算量を要する。しかし、学習済モデルによる文章の生成は瞬時であり、ユーザーはその学習成果を難なく利用できる。では、ChatGPT はどのようなアルゴリズムで文章を生成しているのだろうか？

ChatGPT に限らず、大規模言語モデルによる生成 AI は、質問や回答の文章の意味を理解しているわけではない。自然な受け答えをしてくれるので、こちらの質問を理解していると錯覚しそうになるが、実際に ChatGPT がやっているのは、ある言葉の次にくる確率の高い言葉を選択して文をつむいでいるだけである。これはスマートフォンの予測変換にも似た仕組みであり、それを次々とつなげて連続させると破綻のない自然な文章ができ上がる。これを、"確率的に確からしい文章"を生成していると言い換えてもいい。

　試みに、質問形式ですらなく単に「古池や」と入力してみると、ChatGPT は「蛙飛び込む水の音」と続けた。これは、「古

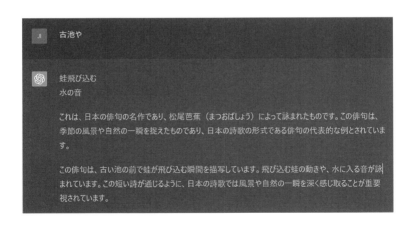

ChatGPT は次にくる確率の高い言葉を選択している

池や」の後に「蛙飛び込む」「水の音」と続く確率が非常に高いからである。さらに、俳句の解説がこれに続くのは、確率的にそうなるパターンが多いことを意味している。

　これは有名な俳句の例だったが、専門的な内容やあるいはニッチな情報についても回答があることから、ChatGPT が登場して間もない頃には人間に迫るものとして反響を呼び、このことから、ChatGPT は"それらしい"文章を生成するのを非常に得意とすることがわかる。

　しかしすぐに、間違った情報や架空の情報を回答する「幻覚（ハルシネーション）」と呼ばれる現象が問題になった。「幻覚」の理由はわかっていないそうだが、GPT がインターネット上のテキストデータからの学習で成り立っていることを考えれば、そもそも回答の正確性が保証されていないことは自明の理である。インターネットの情報が玉石混交であることはいまさら説明の必要もないことで多くの人が知っているところである。

　ChatGPT はよどみない口調で回答するので、明らかな間違いが混ざっていてもユーザー側は気づきにくい。こうした状態で ChatGPT が公開されてしまうことには驚きを禁じ得ず、それが本書の「はじめに」でも述べた、「この内容で公開してしまうの……!?」という私の反応につながっている。

　こうした「幻覚」はほかの文章生成 AI でも共通の問題となっており、改善が図られている。たとえば、エヌビディアは「幻覚」

やそのほかの不適切な情報の回答を防ぐソフトウェア「NeMo Guardrails」を開発した。同ソフトウェアでは、異なる大規模言語モデルの回答を照らし合わせ、その内容が異なる場合に「分かりません」と回答することもできる。たしかに、間違った情報や架空の情報を回答されるよりは、分からないと言われたほうがいい。

　しかし、こうしたソフトウェアを必要とすること自体が、ChatGPTなどの文章生成AIが現時点では未完成の技術であることを示している。

　次章の第4章では「AIの近未来予想」として、ChatGPTブーム後の生成AIとIT業界の動向の予想と、雇用など社会構造に与える影響について述べていく。

第**4**章
AI の近未来予想

10 秒で分かる第 4 章のポイント

- 生成 AI を巡る競争でマイクロソフトはグーグルをリード。
- わが道を行くアップルも大規模言語モデル開発へ着手。
- AI による失業者が現れる一方で新たな雇用も生まれる。

AI を巡るマイクロソフトとグーグルの競争

第1章でも少し触れたとおり、ChatGPT が話題になって以来、米マイクロソフトと米グーグルは生成 AI を巡ってつばぜりあいを繰り広げている。まず、マイクロソフトは 2023 年 1 月 23 日、米 OpenAI への数十億ドルの追加出資を発表した。すると、2 週間後の 2 月 6 日にはグーグルが対話型 AI サービス「Bard（バード）」のテスト公開を開始し、マイクロソフトはすかさず、その翌日に、検索サービス「Bing（ビング）」とブラウザ「Edge（エッジ）」への AI 搭載を発表した。

さらに、マイクロソフトが 3 月 14 日、GPT-4 と、GPT-4 を使える新しい Bing を発表すると、同日グーグルはクラウドサービス「Google Workspace」の複数の機能への AI 搭載を発表する。そして、2 日後の 3 月 16 日にはマイクロソフトが、Office 製品等のサブスクリプションサービス「Microsoft 365」において GPT-4 を活用できる「Copilot（コパイロット）」を発表した。

加えてその 5 日後の 3 月 21 日には、マイクロソフトがクラウドサービス「Azure（アジュール）」上での GPT-4 の利用と、Bing への画像生成機能搭載を発表し、一方のグーグルは同日、アメリカとイギリスにおいて Bard の一般公開を開始している。

ほんの 2 カ月分ほどを切り取っただけでも、火花が見えるかのような両社の熾烈な競争の様子がうかがえる。ただし、

ChatGPTのビジネスユースへの関心が高まる中、Office製品にGPT-4を取り込んだマイクロソフトのほうが大きくリードした印象となったのは確かである。

　ここには企業としてのスタンスの違いが如実に現れている。グーグルは急ぎつつも比較的慎重に歩を進めていくが、一方のマイクロソフトはたとえ中途半端な製品であったとしても、まずは市場に投入して評価をうかがいつつ仕上げていく。良くも悪くも、これがマイクロソフトという会社のスタンスである。

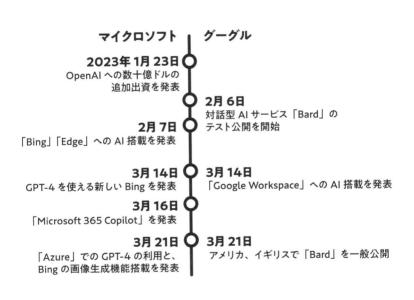

マイクロソフトとグーグルの生成AIを巡るつばぜりあい

売上アップに直結するのはマイクロソフト

　マイクロソフトとグーグルは AI を巡り、主に検索、ブラウザ、クラウド、ビジネス向けサービスの 4 分野で競争している。このうちグーグルが圧倒的に強いのは検索とブラウザである。グーグルは検索市場シェアの 90％以上とブラウザ市場シェアの 60％を獲得しているが、一方のマイクロソフトは検索では 3％程度、ブラウザでは 5％程度と振るわない。

　この状況に対し、かつて「Internet Explorer」のシェアをグーグルの「Chrome（クローム）」に奪われた経験をもつマイクロソフトは、AI を導入した新しい Bing と合わせて Edge のシェアを何とか押し上げたいと考えているはずである。

　一方、クラウド市場シェアについては、マイクロソフトの

マイクロソフト	分　野	グーグル
Bing	検索	Google
Edge	ブラウザ	Chrome
Azure	クラウド	Google Cloud
Microsoft 365	ビジネス向けサービス	Google Workspace

マイクロソフトとグーグルが生成 AI を巡り競争する 4 分野

Azureが20％以上で、グーグルの「Google Cloud（グーグルクラウド）」が10％ほどとなっている。また、ビジネス向けサービスでも、Office製品を擁するマイクロソフトは強い。

　こうしたパワーバランスが、AIの導入によってどう変化するのか予想は難しいが、すでにEdgeのシェアが微増し、Chromeのシェアが減少するという動きも見られる。ただし、グーグルの売上はもともと80％近くを広告が占めているため、生成AI導入がダイレクトに売上アップへ直結するのはマイクロソフトのほうである。

　検索市場において圧倒的なシェアを誇るグーグルは、Bing検索がAIを大胆に取り入れたことに比べるとAI導入に慎重な印象を受ける。それでも、グーグルは2023年6月、アメリカで生成AIを活用したバーチャル試着を発表している。主要ブランドの女性用トップスを、選んだモデルに着させて着用時の様子を確認できるという仕組みである。

　一方、マイクロソフトはその翌月に、米メタ（旧フェイスブック）とAI分野で提携することを発表した。さらに、企業向けのChatGPTと位置付けている「Bingチャット・エンタープライズ」の提供を開始している。これはGPT-4を用いており、AIとのやり取りにおいて、企業の内部データを機密漏洩の心配なく安全に反映させられることをうたっている。

目立たった動きのない IBM とアマゾン

　ChatGPT ブームは、IT 業界大手各社の生成 AI への姿勢を明確に浮き彫りにし、中には出遅れ感を印象づけた企業もあった。たとえば、IBM が開発した AI「ワトソン」は 2011 年、アメリカのクイズ番組で歴代のチャンピオンに勝利したが、生成 AI に関してはこれといった目立った動きを見せていない。

　また、クラウドサービス大手でもある米アマゾン・ドット・コムは、機械学習サービス「Amazon SageMaker」を提供しているが、これもやはり目立った動きとはいい難く、出遅れを指摘する声も聞かれる。

　IT 業界大手、もしくはその関連企業が開発した大規模言語

会社名	モデル名	パラメータ数	備考
OpenAI	GPT-3.5	3550 億	マイクロソフトと提携
	GPT-4	兆単位	
グーグル	LaMDA	1370 億	－
	PaLM	5400 億	－
ディープマインド	Gopher	2800 億	グーグルと提携
メタ（旧フェイスブック）	OPT-175B	1750 億	オープンソースで公開
ハギング・フェイス	BLOOM	1760 億	アマゾン・ドット・コムのクラウドサービス「AWS」と提携

各社の大規模言語モデル　パラメータ数比較

モデルをパラメータ数で比較したものが下の表となる。これを見ても、マイクロソフト（+OpenAI）、対、グーグルの競争が生成 AI 業界を牽引していることは一目瞭然である。

　このほかトピックとして、顧客管理システム大手の米セールスフォースと、画像系のクリエイティブソフトウェア大手の米アドビの動向にも触れておく。

　まず、セールスフォースは2023年3月、顧客情報管理（CRM）向けの生成 AI として「Einstein（アインシュタイン）GPT」を発表した。これにより顧客へのメールの自動生成や、週次データをテキストで自動的にまとめるといったことができる。また、子会社が提供するチームコミュニケーションツール「Slack」では、会話の要約、調査ツール、文章作成支援を Slack 上で可能にする「ChatGPT app for Slack」が導入され話題となった。

　一方、アドビは同月、画像生成 AI「Adobe Firefly（アドビファイヤフライ）」を発表した。これにより画像編集ソフト「Photoshop（フォトショップ）」などで、写真やイラストを生成できるようになる。それまで画像生成 AI に関しては、学習元となった画像の著作権を侵害する可能性が問題視されていた。しかし、アドビの AI は著作権の問題が生じない素材で学習しているため、そうした心配がない。

アップルが大規模言語モデル開発に着手

　AIを巡る半導体業界の動向については、ここまで何度か触れてきたようにエヌビディアがデータセンター向けのGPU供給において圧倒的なシェアを獲得しており、インテルやAMDがそれを追う形となっている。

　では、アップルはどうなのか？　ChatGPTブームが過熱していた最中もアップルは大きな動きを見せていなかったが、これはすでに「Siri（シリ）」が完成度の高いサービスに仕上がっているからだろう。また、同社の企業体質として、MacシリーズやiPhoneなどを主力とする"ハードウェアの会社である"という意識が強いことも、生成AIに積極的でない理由になっているはずである。

　しかし、まったく触れないわけにもいかないのか、2023年7月には独自の大規模言語モデルの開発の準備を開始しており、2024年にAIに関係する重要な発表を行う可能性を示唆している。詳細は不明だが、Siriにおける音声認識のクオリティーの高さを考えると、音声での入出力と組み合わされたものになる可能性がある。

　私は、アップルに限らず、今後は音声でAIとやり取りする方向に進化するものと予想している。声のトーンから感情を読み取るという技術もあり、マイクロソフトやグーグルもそちらのほうへ向かうのは必然と思われる。グーグルはYouTubeも

擁しており、多言語字幕や自動吹き替えへの応用も期待される。

生成 AI のみの業界は確立しない

　AI の近未来を予想するという観点から、数年後に大企業に化けているかもしれないユニコーン（企業価値 10 億ドル以上の未上場企業）についても何社か触れておこう。

　まず、カナダのコーヒアは企業向けに特化して用途に合わせた大規模言語モデルを開発する技術が評価され、エヌビディアから 2 億 7000 万ドルを調達して話題になった。一方、米グリーンは社内の情報を AI が取りまとめて教えてくれるソフトウェアを提供している。

　ディープラーニングに伴う大量の演算需要に対する斬新なアプローチをビジネスにしたのが、米トゥギャザーである。同社は複数のデータセンターの空き部分をつなげて、AI の学習向けに提供するビジネスを提供し、2023 年 5 月に 2000 万ドルを調達した。ただし、こうしたユニコーンの躍進をバブルであると見る声も多い。

　OpenAI もユニコーンのひとつだが、同社も含め生成 AI の個々のサービスで新たな企業として業界に存在していくのは難しいと考えられる。OpenAI の技術がマイクロソフトの製品やサービスに組み込まれていくように、ユニコーン各社の技術もまた IT 業界大手に取り込まれていくと予想される。

生成 AI を問題視する議論は無駄

　さて、ChatGPT の登場後、生成 AI の問題点を指摘する声が次々と上がっている。これについては、そうしたブレーキを踏もうとする議論は無駄であるというのが私の見解である。ブレーキを踏む、踏まないは価値観の話であり、議論している間にも現実は進んでいくのだから、問題が生じてきてからその倫理面や法律面での対処を考えるほうが実際的で無駄がない。

　もちろん、企業において AI を導入する場合に、個別で必要に応じて事前に問題点を検討することはあってもよいし、実際に行われている。しかし、一般論として AI の是非を問う議論は不要である。それを大前提とした上で、いくつかのトピックについてはあえてここでも触れておこう。

　まず、ChatGPT など、対話型の生成 AI が間違った情報を回答する「幻覚（ハルシネーション）」の問題である。第 3 章で解説した文章生成のアルゴリズムを理解していれば、AI が生成する文章の正しさが端から保証されていないのは明らかだが、これを致命的な欠点であるとして騒ぎ立てる声も少なくない。

　こうした声が出てくるのは、ChatGPT などの AI を既存の検索サービスに置き換わるものとして位置付けてしまっているからである。長年の使用に耐えてきたグーグル検索などのシステムと、登場したばかりのサービスを比較して、「ほらダメじゃ

ないか」と騒ぎ立てているのだが、公平に見てこれは過小評価といえる。

その逆に、ChatGPTのメリットだけを見て、「世の中がガラッと変わる」などとセンセーショナルに騒ぐ論調は過大評価ということになる。既存の何かに置き換わるものと考えるから、こうした過小評価や過大評価が生まれる。あくまでも、既存の何かとは別の新たなツールとして、何にどの程度使えるのかを冷静に判断すべきである。

その観点で考えると、「幻覚」についてもまったく大騒ぎすることではない。間違った情報を堂々と発信しているウェブサイトはこれまでもインターネットに数多く存在しており、いまさらそれを騒ぎ立てる人はいないのと同じである。ネット情報を利用する際には、別の方法で裏付けを取るか、あるいは間違いがある前提で上手に利用するしかないことを多くの人は知っており、ChatGPTなど生成AIの「幻覚」についても同じ姿勢で向かえばよい。

マイクロソフトとOpenAIの巧みな関係性

大企業主導のAI研究に対する懸念の声も見られる。ディープラーニングには膨大な演算とそれを支える大量のコンピュータが必要となるため、大学での取り組みは難しく、AIの研究はどうしても大企業主導の商業主義的なものとなる。また、大

学の研究者がそうした企業に雇い上げられてしまうのも、大学での学術的な研究を妨げる一因になっているという。

　米マサチューセッツ工科大学（MIT）の研究者らが 2023 年 3 月、米科学誌『サイエンス』に発表した論文によると、大規模言語モデル全体に占める民間企業の割合は、2010 年に 11％であったのが、2021 年には 96％に達しているという。

　こうした傾向に対し大学に残った研究者が危機感を覚えるのは理解できる。しかし、将来性のある研究テーマに企業が資金を出すのは必然であり、その是非を問う議論はやはり無駄と言うしかない。むしろ、大企業が資金を投じるからこそ技術革新が一気に進むというメリットのほうを論じるべきである。

　その点、OpenAI とマイクロソフトの関係は、どこまで意図されたものであるか分からないが非常に巧みである。OpenAI に関しては非営利の研究機関「OpenAI Inc.」の子会社として、営利法人「OpenAI LP」が置かれている構造になっており、これまで“非営利”の部分が強調されてきたことから、マイクロソフトが社会貢献のような形で同社に資金を出した形となっている。

　よく解釈すれば、OpenAI の理念に共鳴したマイクロソフトが資金を提供し、それにより実現した Office 製品への GPT 導入により、事務負担の軽減という形での具体的な社会貢献を果たしたと捉えることもできる。マイクロソフトの創業者であるビル・ゲイツが現在、慈善活動家となっていることもそのイメー

ジに寄与している。

　OpenAI のサム・アルトマンは 2023 年 3 月の SNS 投稿で、「人間よりも賢い AI（AGI、汎用人工知能）が全人類に利益をもたらすのを確実にする」ことを最終目標として掲げていると宣言した。また、その前月に発表した文書では、AGI の実現は世界経済や新しい科学的知識の発見を活性化させ、人間の創造性にも力を与えるとしていた。

　こうした高らかな理念をマイクロソフトが資金援助によりサポートするという形をとることで、AI への取り組みが商業主義的であるという批判を結果的にうまくかわしているように見える。

生成 AI に代替される職種

　AI が人間の仕事を奪うという懸念は以前からあったが、ChatGPT の登場により議論が再燃している。生成 AI に関しては金融大手の米ゴールドマンサックスが 2023 年 3 月、「生成 AI は現在の仕事の 4 分の 3 を代替できる」「約 3 億人が AI による自動化の影響を受ける」という研究結果を発表し、オフィス事務の 46%、法務の 44%、財務の 35% の仕事が AI により代替可能だとした。いずれも企業内で間接部門と呼ばれる職種である。

　一方、IBM は 2022 年に過去 10 年で最高の増収率を見せる

も、2023年1月には従業員の1.5％にあたる約3900人の削減を発表した。さらに、AIが代替可能な仕事の採用を中止するか遅らせる方針も表明し、間接部門で働く約2万6000人の従業員についても5年以内にその30％がAI等に代替可能であることを示唆している。

　生成AIに代替される可能性のある職種としてほかに、弁護士や会計士、広報担当者、アナリスト、コンサルタント、プログラマー、記者、ライター、編集者、通訳・翻訳者、カスタマーサポートなど言葉やデータを扱う職種などが考えられる。それぞれの分野で専門性の高い仕事をしている方は別として、サポート的な仕事に関しては確かに生成AIが代替可能である。

弁護士	弁護士補佐（パラリーガル）
公認会計士	財務・経理
人事	事務
データ入力	通訳・翻訳者
編集者	記者・ライター
アナリスト	コンサルタント
カスタマーサポート	テレホンアポインター
広報担当者	イラストレーター
映像制作	作曲家
建築士	デザイナー

AIにより代替、影響を受ける仕事の一例

さらに、イラストレーターや作曲家、建築士などの仕事も、アーティスト性を特に求められない部分に関して、生成AIに置き換わっていくのは必至である。

マイクロソフト社長が説くバランス

これから予想される雇用の激動を19世紀初頭の産業革命に重ねる論調も見られる。産業革命では蒸気機関を動力とする織機の普及により多くの労働者が職を失い、イギリスでは怒れる労働者たちが機械や工場を破壊するラッダイト運動が猛威を振るった。今回は頭脳労働を機械が代替する形となる点は異なるが、やはり職を失う人が多く現れると予想されるため、それに伴う混乱を危惧する声がある。

これについては、一時的な混乱はあったとしても、大局的にはAIの存在を前提として社会の仕組みが変わっていくことで収拾がつくはずである。産業革命に成功した国々が先進国となり豊かな社会を形成してきたように、混乱が収拾した後には実りの時がくる。特に少子化による労働人口の減少が問題となっている日本では、生成AIが人材不足を補うひとつの手段となり得る。

『日経ビジネス』誌（2023年5月22日号）は、米マイクロソフト副会長兼社長のブラッド・スミスへのインタビューを掲載している。その中でスミスは、「人口が減少していく中で生

産性と GDP を高めるための道具として、AI は過去 100 年間で最大の発明でしょう。新しいレベルの繁栄を実現する原動力となるはずです」「AI は、我々がより効率的に働けるように手助けしてくれるはずです」と述べている。

　一方で、雇用を奪われる人が出てくるのも否定してはおらず、同社が 2014 年に 1 万人超の人員を削減した後、成長を果たして新たに 10 万人の雇用を生み出した例を挙げ、今もそれと同じことが起きていると説明している。

　スミスは、"去らなければならなかった人たち"のことを忘れてはならないとした上で、「それが自由市場経済で求められるバランスでしょう」と持論を述べている。マイクロソフトがこうした不変の軸をもって AI に取り組んでいる姿は高く評価したい。

AI との役割分担を考えよ

　また、実際的なところを考えれば、人と AI で仕事を取り合うことを心配するよりは、役割分担を考えたほうがずっと建設的である。そもそも現時点では、最終的な意思決定のところまでを AI に任せられる仕事はないだろう。AI に雇用を奪われるとされている職種であっても、AI にやらせた仕事を人間がチェックして先に進める形になるので、人間は適切にチェックする能力を磨いていけばよいということになる。

　さらに、過去の事例が乏しい事象や突発的な状況への対応、電気や通信環境のない場面で生かされる知見、人の持つ価値観に関係すること、物理的な課題など、机上のことだけでは片付かない仕事ではまだまだ人間の手を必要とするはずである。

　その点、マイクロソフトが「Microsoft 365」にGPT-4を導入し、「copilot（副操縦士）」と命名したことは慧眼である。あくまでも使う人間側が"主"であり、AIは"従"であるというコンセプトを的確に伝えるネーミングとして、これ以上のものはない。

　一方で、AIを使いこなす、AIエンジニア、データサイエンティスト、プロンプトエンジニアといった仕事が花形職業になるという見方もある。プロンプトとは、ChatGPTなどで適切な回答を得るための指示文のことをいう。企業がAIを導入しようとする場合、こうした専門家の手を借りることは当然あり得る話で、実際にそれなりの需要はあるはずだ。

AIはあらゆる分野に導入されていく

　ただ、そうしたAIを前面に掲げた仕事の一方で、スポーツや土木、農業、漁業、医療といった、一見デスクワークとはかけ離れた分野にこそAIの大きな市場が潜在していると私は予想している。

　たとえば、2023年、米メジャーリーグで話題の中心であっ

た大谷翔平は試合で2番バッターとして出場することが多かった。従来、強打者は4番バッターというのがセオリーだが、大谷の場合、2番バッターとしたほうが打席に立つ回数が増えるからである。AIで決めているという話ではないが、各種のスポーツにおいても、こうしたロジカルなアプローチをする上で今後、AIの活用が期待される。

　建築・土木分野ではすでにAIが活用され、重機の操縦席から死角になりやすい後方をカメラで撮影し、AIが周囲の人物との接触を避けるシステムのほか、自律作業型建機、AI制御の現場監視ドローンなどが一部で稼働している。また、農業分野ではAIによる収穫予測や収穫ロボット、漁業分野ではAIによる漁場の絞り込みや水揚げ予測などがすでに実用化されている。

　また、医療分野では診断や調剤へのAI活用が期待される。2016年に行われたコンテストでは、AIが乳がんの転移を調べる画像判定を行い、11人の病理医と成績を比較している。その結果、優勝チームの開発したAIは病理医の平均を上回る成績を上げている。こうした画像診断支援AIを使うことで重大な疾患の見落とし率が低下するのであれば、大いに導入すべきである。

　ここでは一部を例に挙げるにとどめたが、現在のAIの急速な進化を考えれば、今後さまざまな分野に実用レベルで導入されるはずである。そうなれば、あらゆる業種で必然的に働き方

が変わっていくことになる。

　次の第 5 章では、経営とオフィス業務を生成 AI がどう変えるのかという点について、ChatGPT の活用を中心に述べていく。

第**5**章
AI は経営をどう変えるか

10 秒で分かる第 5 章のポイント
- 経営者に ChatGPT は必要ない。生成 AI は経営者の役に立つレベルに達していない。
- 生成 AI の導入では効率性と効果性を見極めよ。
- ChatGPT は法律関連、プログラミング、翻訳、文書作成に役立つケースが多い。

AI は目的達成のための単なる手段であり道具

　米 IBM の 2021 年グローバル AI 導入指数によると、31%の企業がすでに AI を導入しており、43%は利用を検討しているという。だが、企業の AI 導入は今に始まったことではない。

　1978 年にノーベル経済学賞を受賞者したハーバート・サイモンは、経営者の意思決定についての研究で知られる。彼は1954 年頃、人間の問題解決に関するより良い理論を探求する中で、問題解決をシミュレーションするコンピュータプログラムを作るというアイデアを得て、博士課程の学生アレン・ニューウェルとともに、最初期の AI プログラム「ロジックセオリスト」を開発した。この功績をもってサイモンは "AI の父" と呼ばれている。彼は、約 70 年前からすでに経営と AI を関連付けて考えていたのである。

　サイモンはオペレーションズリサーチのパイオニアとしても知られる。オペレーションズリサーチは意思決定に関わる分析的なアプローチであり、経営科学ともいう。分析方法には数理モデル、統計的手法、アルゴリズムなどがあり、企業経営をはじめとして組織の運用に応用されている。

　経営におけるコンピュータの活用に関しては、1970 年代に提唱された意思決定支援システム「DSS（ディシジョン・サポート・システム）」や、1980 年代に提唱された「SIS（ストラテジック・インフォメーション・システム）」などがよく知られている。

前者は、経営に関わるあらゆる情報を記録しておき、経営者自身が直接コンピュータを操作して情報を得て意思決定する仕組みであり、後者は情報システム部門を経営戦略の中核に位置付ける考え方とその仕組みである。

　社員一人ひとりがコンピュータを持つようになると、「EUC（エンドユーザーコンピューティング）」が一般的になった。社内、あるいは外部から必要なデータを持ってきて手元のエクセルなどで処理するといった形式である。ChatGPT など生成 AIの業務利用も、この EUC の延長線上にあると言える。

　私はこれまで経営コンサルタントの立場から多くの企業でIT 導入にも関わってきたが、どのようなケースであれ、経営コンサルティングの目的は売上向上とコスト減による利益増にあり、コンピュータによる省力化や効率化はその手段でしかない。つまり、経営コンサルティングの目的である売上・コスト・利益の最適化が " 主 " であり、IT はその目的達成のための手段であり道具でありあくまで " 従 " なのである。ここを間違わないようにしないと目先の技術に振り回されてしまう。

　ChatGPT など生成 AI についても同じことで、これまで人間が自分の頭を使っていたところをどれくらい肩代わりさせられるかという、負荷の軽減効果をよく見極める必要がある。

経営者に ChatGPT は必要ない

　私の経営コンサルティングでの対象企業の捉え方や経営コンサルティングの方針について簡潔に説明しておこう。まず、会社を大きく「経営」「管理」「業務」の３層に分けて捉える。この３層を軍隊用語で説明すると、経営層は戦略を立て、管理層は戦術を指揮し、業務層は戦闘を行うという分類になる。

　具体的に企業経営にこれを当てはめると、経営層は目的を定め、管理層はその目的達成のための手段を考え、業務層はその手段による実践の遂行となる。さらに、役職でいうなら、経営層は役員クラスであり、管理層は部課長クラス、業務層は係長や主任クラス、それに一般社員がこれにあたる。

　この３層モデルで考えた場合、経営層では ChatGPT など生成 AI の出番はない。もちろん、経営者が ChatGPT を使うことはあってもいいが、会社経営の目的を定めるのに際し、確率論で生成された文章をその拠り所としているのでは、企業経営の舵取りの立場にある者としてはおぼつかない。経営の意思決定で発生確率をその拠り所にすることと、確率論をベースに生成された文章を拠り所にすることは同義ではない。従って、意思決定のための情報収集のツールとして間接的に活用することはあっても、直接的には使えないし、使うべきではない。

　経営者の行うことは大きく３つに分けられる。まず１つ目は経営方針を決めることで、何を行い、何を行わないかを決め

る。その際に求められるのが情報を取捨選択する能力である。2つ目は経営資源としてのヒト、モノ、カネ、情報を調達し、調達したそのリソースの配分を決める。そして、3つ目は社員の動機付けである。人は理屈で動くものではない。人心を把握し心を動かし、いかにやる気を起こさせるかというのが経営者の腕の見せどころとなる。

　この3つにおいて ChatGPT などの生成 AI が活用できればいいが、前述の通り、現生成 AI の提供している情報が確率論をベースに生成された文章である以上、経営の意思決定局面において、意思決定を委ねられるレベルに至っていないというのが私の意見である。

```
┌─────────────────────────┐
│          経 営           │
│        戦略・目的        │
│        役員クラス        │
└─────────────────────────┘

┌─────────────────────────┐
│          管 理           │
│        戦術・手段        │
│        部課長クラス      │
└─────────────────────────┘

┌─────────────────────────┐
│          業 務           │
│        戦闘・実践        │
│  係長・主任クラス及び一般社員  │
└─────────────────────────┘
```

企業組織の3層モデル

生成 AI で PDCA サイクルの時間短縮

　一方、管理層では ChatGPT などの生成 AI により時間短縮とそれに伴うコスト低減が実現する。管理層の主な仕事は、Plan（計画）、Do（実行）、Check（評価）、Action（改善）の頭文字をとった「PDCA サイクル」をくり返し回していくことであり、このうち特に Plan、Check、Action において生成 AI のサポートが活用可能である。

　たとえば、Plan では経営者から提示された目標を達成するため、実行計画の立案を行う。この際に壁打ち※相手として ChatGPT を使うと、自身の考えの整理や見落としがちな論点の洗い出しを行える。最終的には人間が決定すべきだが、思考の一部を代替させることで時間の短縮につながる。

　また、Check、Action のステップに関しては、実際のデータを読み込ませて分析させ、改善点を指摘させるところまで ChatGPT で行える。ChatGPT の有料プランでは、2023 年 7 月に「Code interpreter（コードインタプリタ）」という新機能が導入され、詳細なデータ分析が可能となった。「Microsoft 365 Copilot」の Excel でも同様のデータ分析が可能になるようなので、職場の対応状況に応じて使い分ければよい。

　業務層においても、PDCA サイクルの適切な運用は、係長や主任レベルの社員であれば職責であり避けられない。一般的に、役員クラスで 3 年計画、部長で 1 年計画、課長で 1 カ月〜半

期計画、係長で週次計画、主任で日次単位の計画というサイクルで職務として遂行することとなる。そのそれぞれにおいて、対話型の生成 AI を活用できればかなりの時間短縮が期待できる。

　また、業務層の一般社員についても、書類やメール等の文章作成や翻訳、検索などで、生成 AI を補助的に使うことにより、かなり時間短縮できるものと考えてよい。

Keyword

【壁打ち】ビジネス用語としての「壁打ち」は通常、誰かに話を聞いてもらいながら考えを整理することを意味する。アドバイスを求めるのではなく、話をする中で考えをまとめることを目的とする。

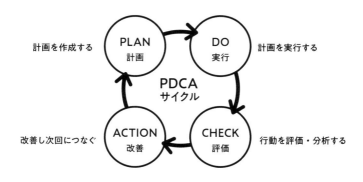

PDCA サイクル

生成 AI の導入前後で効率性と効果性を見極める

　さて、生成 AI の仕事への導入にあたっては、それ自体が目的化するようなことがあってはならず、まず試験的に導入してみて実際にメリットがあったかどうかの効果判定を行うべきである。メリットについては効率性と効果性という 2 つの観点で判定すればよい。

　まず、効率性とは「時間短縮のこと」である。たとえば、ChatGPT によって 10 段階の工程を 7 段階にできれば効率が良くなったことになる。あるいは、これまで 1 時間かかっていた工程が 30 分になれば、これも効率が良くなったといえる。同じ成果をより小さな時間的コストで得られるのだから、残業を減らせるほか人員削減も可能となり、結果的に残る利益は増す。

```
┌─────────────────┐    ┌─────────────────┐
│     効率性       │    │     効果性       │
│                 │    │                 │
│ 生成 AI で時間短縮 │    │ 生成 AI で商品の付加価値が │
│ できたかどうか    │    │ 向上したかどうか   │
└─────────────────┘    └─────────────────┘
```

効率性と効果性の見極め

　これは、すでに多くの企業で IT 導入によって成し遂げてきたことでもある。かつて、給与計算のために雇われていた従業員は、現在では給与ソフトに代替されている。

　一方の効果性とは、「コストは同じままで成果が増すこと」である。既存の商品の価格が 10 万円であったとして、それに 15 万円で売れるような付加価値をプラスできれば、効果性が高いと評価できる。効果性を高めることは生成 AI の最善の使い方といってよい。

　効率性と効果性は同時に追求することもできる。たとえば、カスタマーサポートに寄せられる、似たような質問や苦情メールに関しては、AI に回答を生成させてメール返信すれば大幅な人員削減が可能となり効率性が向上する。

　同時に、苦情メールについて AI に内容を分析させて商品にフィードバックする仕組みを作れば、商品の付加価値向上につながる。これは効果性の向上である。こうした仕組みはほかの手段を使っても可能だが、生成 AI を活用すれば導入が容易であり、コストも低く抑えられる。

生成 AI を使いこなすにはリテラシーが必要

　効果性の追求にあたっては特に、使う側には情報リテラシーやコンピュータリテラシー※が求められる。ここでいうリテラシーには、何が正しい情報で何が誤情報かという見極めだけで

なく、必要な情報とそうでない情報を使う側自身の価値観を基準にし仕分けする能力も含まれる。

　ChatGPTは使う側の質問に応じて何かを提案したり、問題点や改善点を並べたてたりすることは得意だが、それを叩き台として情報を取捨選択するのは人間の仕事であり、使う側には知識やそれに基づく知恵が求められ、結果的には経験やセンスがものをいう。

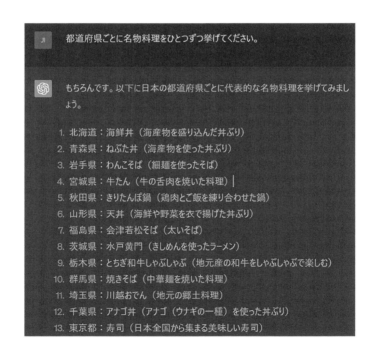

網羅的な検索の回答例。中には信憑性の疑わしい回答も混じっている。

　たとえば、ChatGPT で翻訳する場合、従来の機械翻訳サービスと同様、誤訳がゼロというわけではないので、ユーザー側にはそれをチェックできる程度の英語能力が求められるのである。

　また、ChatGPT は特に網羅的な検索において大幅な時間短縮を期待できるが、本書でも再三述べている不正確な検索結果としての「幻覚（ハルシネーション）」を完全には避けられないので、間違いを見落とさない注意深さと一定の知識が必要とされる。

　ここでいう網羅的な検索とは、たとえば「都道府県ごとに名物料理をひとつずつ挙げてください」といった指示による検索のことをいう。この場合、回答の中におかしな内容がないかチェックできる程度の一般教養が求められる。

Keyword

【リテラシー】もとは読み書きの能力のことだが、現在は「ある分野についての知識を適切に理解・活用する力」を指すことが多い。

他社の生成 AI 導入の成功例はあてにならない

　経営者には ChatGPT は必要ないと述べたが、そうした生成 AI を会社に導入するかどうかは、先ほどの効率性と効果性を

見極めた上で経営者が意思決定する必要がある。すなわち、効率性が向上してコスト減につながるか、新たな付加価値を生んで売上増につながるか、あるいはその両方で増益するか。そのいずれかであれば導入を進め、そうでなければ切り捨てることになる。

実際問題として今後、ChatGPT などの生成 AI をいったんは取り入れたものの、結果的には止めてしまったという会社が数多く現れると私は予想している。しかし逆に、効果性の向上において大きな成果を上げる会社も現れてくる。意外性のある視点やアイデアが生成 AI からもたらされ、それが売上増に直結するケースも出てくるが、こうした事例の再現性はおおよそ乏しい。

長年経営コンサルティングを行ってきた私の経験から言うと、極論ではあるが会社が失敗する理由は共通しており５つほど、もっと絞れば３つのパターンに集約される。反面、成功する理由のほうはそれぞれ理由が異なっており共通項はほとんどない。成功する場合はその会社独自の理由であり成功要因は唯一無二なのである。

そこで今後、生成 AI による成功譚を耳にしてもそれは参考にならない。成功の理由を他社の成功例に求めても失敗の結末しかないと心すべきだ。たとえば、書店にはビジネス書コーナーに"成功の事例本"が山ほど並んでいるのに、実際の成功者は数えるほどしかいないのはそのためである。

私が評価する ChatGPT の活用法

　他社の成功例はあてにならないが、管理や業務への取り入れ方を検討する上で生成 AI に何ができるのかを知っておくのは参考になる。

　すでに活用法の提案については、先行する書籍などで出尽くしているので、ここでは私が特に評価する活用法について、経営コンサルタント視点での所感を述べていく。ChatGPT を例に挙げて説明するが、同種の生成 AI であれば内容的には共通すると考えてよい。

●法律関連の諸実務

　ChatGPT において、不正確な検索結果としての「幻覚」が生じにくいのは、質問と答えの両方が一義的である分野である。ここでいう"一義的"とは、意味が多様でなくひとつに確定していることを指す。一義的なテーマのうち代表的なものに法律がある。

　ChatGPT の有料版などで稼働する大規模言語モデル「GPT-4」はアメリカの司法試験で上位 10％の成績を上げており、これを活用することで、弁護士や社会保険労務士などの士業やそのアシスタントのほか、企業の法務部などでも大幅な時間短縮が期待できる。

　では、日本の法律にはどれくらい対処できるのだろうか？

これについて、法律情報システムベンチャーのリーガルスケープが日本の司法試験の問題を ChatGPT に解かせたところ、当初は正解率30％という数字だった。しかし、同社が ChatGPT をファインチューニングしたところ、正解率が最大78％にまで向上した。これは十分に実用レベルといってよい水準である。

また、五大法律事務所のひとつとされる森・濱田松本法律事務所では、裁判の準備で行う判例探索に AI をすでに活用している。これは、ChatGPT 登場前の AI によるものではあるが、いずれにせよ同様の試みは今後、士業全般で進んでいくものと考えてよい。

●条例・規約・ルールのチェック

条例や法律以外の規約、ルールなどもまた一義的にできている。そこで、事前に所定の条例や規約、ルールを ChatGPT に学習させておくと、提出しようとしている書類が、条例や社内ルールなどを満たしているかどうかチェックして、問題点を指摘してもらうことが可能となる。これにより、書類が何度も差し戻されることが減り、大幅な時間短縮につながる。

これまでもそうした目的のソフトウェアは存在していたが、ChatGPT により導入コストを抑えることが可能となった。なお、デジタル庁は2023年8月、中央省庁向けのワークショップ資料「ChatGPT を業務に組み込むためのハンズオン」を一般公開しており、GPT の API で法令を扱う際の技術的な方法

論について解説している。

●プログラミング

　一義的という点で、ChatGPT はプログラミングも得意とする。プログラム言語は文法が一義的に体系付けられているので、自然言語でリクエストするだけで求める動作をするプログラム文を回答してくれる。プログラムを実行してみて動作に納得できないところがあれば、修正や追加を指示することで、さらに求めるものへ近づいていく。

　製品として販売するようなプログラムは別として、社内でプログラムを内製するケースでは、プログラミングに堪能な人材の不足を大いに補うことになる。これまで人材不足でプログラムの内製に踏み出せなかった会社でも、ChatGPT を活用すればそれが可能になる。

　第 1 章でも紹介した大和証券はもともと、プログラミングの基礎知識をもつ社員を多く擁していたが、ChatGPT の導入により現場の社員が必要なプログラミングを内製できる環境を整えたという。

　さらに、OpenAI 側もこうしたニーズに応えるためか、新機能「Code Interpreter」を 2023 年 7 月に公開している。これは、自然言語の指示によりプログラム言語 Python によるプログラムを出力させ、さらにそれを実行してユーザーへのフィードバックまで行うという機能である。

翻訳・文章作成では文体を細かく指定できる

　ChatGPT は、翻訳や文章作成における叩き台の作成にはかなり有益に使える。

●翻訳

　日本語は、主語がなくても文章として成立してしまうため、外国語への翻訳では必然的に誤訳が多くなる。そこで、誤訳を減らすには、翻訳前の文章に主語を足すなど、事前に文章を整えておく工夫がこれまでは必要とされてきた。これに対し ChatGPT では、翻訳用に文章を整えるステップのところから作業を指示し、その後に翻訳させることで精度の高い翻訳文を容易に得られる。

　私が経営コンサルティングを行っている企業でも、ChatGPT を翻訳に使っているケースがあり、また私自身の会社でも翻訳に利用している。特に、専門分野外の業務で英文資料を参照する際によく知らない専門用語を多く含む文章では重宝している。また、英文メールを作成する際には、「ビジネスメール風に」「親しみを感じさせる私信として」など、文体を指定して翻訳できるのも非常に使い勝手がよい印象である。

●文章作成

　メール文、あいさつ文、社内の連絡文や通知文、ニュースリ

リース、広告文、ウェブサイトの更新情報など、業務の中で文章作成する機会は思いのほか多く、また時間のかかる作業となる。文章作成が苦手という社員も少なくないが、これについても ChatGPT で叩き台となる文章を作成し、それを手直しする形にすれば大幅な時間短縮が可能である。

　文書作成を指示する場合、文章の用途や盛り込むべき内容、文体、文字数などを詳細かつ限定的に指示することにより、精度の高い生成結果となる。すでに存在する文章をスライド向けに書き換えるなど、文章のリライトにも大変有益である。

　また、要約文の作成も便利に使える場面が多い。細かく読み込む必要のない長文や、ニュース記事の要点だけ知りたいときには、ChatGPT に要約させれば大幅な時間短縮となる。

データ分析・考察はコパイロットに期待

　ChatGPT にデータを読み込ませて分析や考察、あるいは要点を文章化させることで業務の省力化を図ることができる。

●データの分析・考察、業務日報管理

　先に触れたように、ChatGPT の有料プランでは、2023 年 7 月から導入された Code interpreter という新機能により詳細なデータ分析や考察が可能となった。これによりデータを扱う際に大幅な時間短縮が可能となるだけでなく、自身の考察とは

違う視点が提示されることによる効果性の向上も期待できる。

　また、ChatGPT を使って従業員の業務日報からサマリーを作成したり、トラブル事項だけを抽出したりできるので、マネジメント業務の省力化も期待できる。外国人従業員が英語で記入した業務日報もまとめて処理できるのは大きな強みである。

　ただし、このあたりの機能については、「Microsoft 365 Copilot」の Excel や Access に導入されるものと思われるので、そちらを利用したほうが使い勝手はよいはずである。

思考を補助するツールとして活用する

　ChatGPT の文章生成は、アイデア出しや考えをまとめるツールとして有益に使える。これは効率性だけでなく効果性の向上にも寄与する使い方といえる。

●アイデア出しや思考の整理

　アイデアを出す場合に、ゼロから考えるのではなく ChatGPT に複数の案をまず出させ、それを叩き台として考えを広げていくと時間短縮だけでなく効果性の向上にもつなげられる。たとえば、書籍のタイトルを考える場合に、書籍の目次からタイトル案を 10 例回答させ、それを元にして実際のタイトルを考えていくような使い方が可能である。同様にブレーンストーミングや、いわゆる壁打ちにも活用できる。

　また、考えがまとまらない場合に、書き出した思考の断片を
まとめるため ChatGPT に質問してもらったり、共通する要素
の抜き出しや具体例のリストアップを手伝ってもらったりして
思考を補助してもらうこともできる。最終的に企画書の形にし
たければ、ChatGPT に、「ここまでの内容を元に企画書を作成
してください」と指示すればよい。

　こうした活用法は ChatGPT など生成 AI のメリットを生か
した使い方といえる。ChatGPT にアイデアを出してもらうの
ではなく、あくまでも叩き台を作成するための道具と割り切っ
て使えばよい。

ChatGPT を使いこなすプロンプトの作成法

　ChatGPT を業務に使う場合のコツと注意点について、いく
つか補足しておく。まず、ChatGPT で生成する回答をより的
を射たものにするため、プロンプトと呼ばれる指示文を付け加
えることが一部で提唱されている。目的別にさまざまなプロン
プトが提案されているが、これを難しく考えることはなく部下
に指示を出すようなものと考えればよい。

　ただし、的確な指示を出すにはユーザー自身が、何を聞きた
いのか明確になっていなければならない。的確なプロンプトに
必要な要素は次の 3 つとなる。

①質問の目的

　この質問で何を求めているのか。回答で得た情報の用途や、どういう文脈で質問しているのかを明記すると回答の精度が上がる。

②条件指定

　字数や文体、役割設定などの条件を指定する。役割設定とはChatGPTにキャラクター付けをすることであり、たとえば「〇〇のエキスパートとしての立場から答えてください」などの指示をいう。これにより回答の質が上がることがある。

③回答へのアクションを追加

　必要に応じ、「〇〇について10個の案を挙げ、それぞれのメリットとデメリットを説明してください」というように、回答からさらに別の回答を派生させる指定を行うことで、重層的な回答を得られる。さらに、「今挙げたメリットとデメリットを総合的に考慮し、メリットがより大きい案を3つまで絞ってください」とアクションを追加することもできる。

　このように、プロンプトとして細かい指示を与えると、ユーザー側が欲しい回答が返ってくる確率が高くなる。しかし、逆に言えば、こうした指示が必要であるというところがまさに、ChatGPTが未完成な点であり、「はじめに」でも述べたように

私が「この内容で公開してしまうの……!?」と驚いたところである。

　日本の会社組織では実際のところ、部下に対して的確に指示を出しているケースは少ない。日本語の曖昧性も相まって、上司のはっきりしない指示を上手に汲み取るスキルが部下の側に求められているのが現状である。それを考えると、ChatGPTにおけるプロンプトの活用は日本人にとっては比較的難易度が高いものと考えられる。

　先に紹介したデジタル庁の「ChatGPTを業務に組み込むためのハンズオン」にも"プロンプトの書き方のコツ"が記されており、「できる限りコンテキストを明確にして書くこと」「GPTの理解度（？）を確認しながら進める」などが挙げられている。対話型AIといっても質問や回答を理解しているわけではないので、「理解度（？）」という表現になっているが、要は試行錯誤しながらプロンプトの内容を調整するということである。

　なお、ChatGPTには現在無料版でも使えるようになった「Custom instructions（カスタムインストラクションズ）」という機能があり、事前にChatGPTに伝えておきたい情報や、どのように応答してほしいかを設定できる。これはプロンプトとほぼ同じ使い方ができるだけでなく、設定を保存できるところに大きなメリットがある。自身の用途に合わせたChatGPTにチューンアップできると考えればよい。

ChatGPT を検索ツールとして使う際の注意点

ChatGPT は主にインターネットから学習した情報を使って文章を生成するので、検索ツールとして使うことはもちろん可能である。ただし、繰り返し述べているように、通常の検索と同様、情報の正確性が保証されているわけではない。

また、インターネット上に存在していない情報が生成されるケースもあるため、検索結果を利用する前に何らかの裏取りが必要となる。使う側の情報リテラシーやコンピュータリテラシーが問われるのはすでに述べたとおりである。

ChatGPT による検索の便利な使い方としては、先に挙げたようにひとつのテーマで網羅する検索や、「○○について調べて 500 字程度でまとめてください」といった指示で検索結果をまとめさせることが挙げられる。「○○についての最新ニュースを教えてください」といった検索にも便利である。

ただし、無料版の ChatGPT は 2021 年 9 月時点までにインターネットのウェブサイトに存在していた情報しか学習していないので、実際にリアルタイムでネット検索を行った結果から文章を生成できる ChatGPT の有料プランや、マイクロソフトの AI 搭載検索サービス「Bing（ビング）」を利用したほうがよい。上手に使えば従来の検索よりも早く、求める情報を得られるため大幅な時間短縮となる。

企業にとっての"ゴミ"を拾わないこと

　ChatGPT だけでなく生成 AI 全般に関して、生成されたもの
が他者の著作物の権利を侵害する可能性について警鐘が鳴らさ
れている。しかし、インターネットではこうした問題はずっと
以前からあり、ユーザー側が情報リテラシー、コンピュータリ
テラシーをもって使っていけば十分避けられる。決して大袈裟
に騒ぐような話ではない。

　そうした間違いも起こり得るという前提で、時間短縮ツール
として割り切って使う分にはメリットがあり、また、その中で
たまに新しいビジネスの糸口が見つかることもある、という程
度に捉えておけばよい。

　その逆のよくないパターンは、自然言語でやり取りできるこ
とを高く評価しすぎて、本来その会社に必要のない情報にまで
注目してしまうことである。その点、一見有用に見える情報で
あっても、自身の会社に必要なければ、"ゴミ"でしかないと
いう割り切りが必要となる。

　私は経営コンサルティングにおいて、その対象企業にとって
必要な情報を見極めて提供することを重視している。具体的に
は、その会社の体質や体力、人的関係や資本関係、それに企業
風土などを見て判断しており、ChatGPT を使う場合も同じよ
うな観点から、回答として得た情報が企業にとってゴミかそう
でないかを判断する必要があると考えている。

ChatGPT のほうが人間より優れている点は、文句を言わず何度でも何時間でもリクエストに応えてくれることである。納得いくまで使ってみて、時間短縮につながったり効果性の向上をもたらす成果を得られたりするようであれば使えばいいし、そうでないなら使わない選択をすればいいだけである。

　あくまでも、経営の目的は社業を通じた「売上・コスト・利益の最適化とその継続」であり、リソースとして提供された情報は経営目的達成のための一手段にすぎない。大事なことは「手段として自社にとって有効か否かを問うこと」これを忘れてはいけない。

第6章
集積回路とAIの進化の到達点

10 秒で分かる第 6 章のポイント

- ムーアの法則は 2023 年現在も 3D（立体）化により延命中。
- ムーアの法則が 60 年延命すると集積回路の集積度は 10 億倍以上になる。
- 意思決定以外のすべてを AI に預けられるのが最終的な到達点。

最先端のマイクロプロセッサの製造

　AI の進化の最終的な到達点はコンピュータの進化の到達点とイコールであり、それは集積回路の進化の最終到達点でもある。ここでいう集積回路の進化とは、集積度の増大を指している。

　集積回路の集積度の増大化は、その目安となるムーアの法則に沿った集積度をいかに達成するかという競争によってこれまで推し進められてきた。この熾烈な競争では脱落者も多く、2003 年頃に 130nm（ナノメートル）プロセスの微細度を達成していた半導体企業が 26 社存在していた状況が、90nm プロセスの競争になると 18 社に減少し、45nm プロセスでは 14 社まで減少した。なお、日本の半導体企業の多くは 45 〜 40nm プロセスで微細化を断念している。

　そうした競争の結果、マイクロプロセッサに関して最先端の製品を製造できるのは 2023 年現在、インテル、サムスン電子、TSMC の 3 社だけとなった。ただし、インテルは 10nm プロセス以降の微細化でたびたび開発が停滞しており、最先端マイクロプロセッサについては一部を TSMC へ製造委託している。

微細化はペースダウンもムーアの法則は延命中

　ムーアの法則とは第 2 章で説明したとおり、集積回路の集

積度（トランジスタの数）が 2 年で 2 倍（当初の主張では 1 年で 2 倍）になるという法則であるが、すでに 1970 年代から「2 〜 3 世代先に微細化の限界がくる」と繰り返し言われ続けてきた。では、実際のところムーアの法則は今でも成立しているのだろうか？

　集積回路のうち、マイクロプロセッサ、DRAM、NAND フラッシュメモリの代表的な製品について、集積度の目安となるトランジスタ数の増加を片対数グラフにまとめたものが以下となる。ムーアの法則については 1980 年までは 1 年に 2 倍、それ以降は 2 年に 2 倍で算出した。これを見ると、いずれの半導体デバイスも 2 年で 2 倍の上昇率をほぼ維持していること

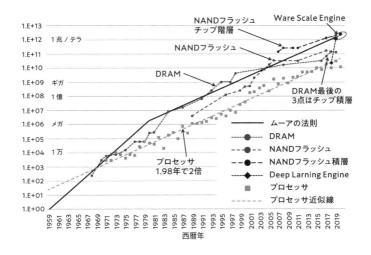

ムーアの法則は今なお延命中

https://en.wikipedia.org/wiki/Transistor_count のデータをもとに作成
出典：日清紡マイクロデバイス株式会社ホームページ
https://blog.nisshinbo-microdevices.co.jp/ja/process

が分かる。

　一方で、「微細化の限界が見えてきた」という意見も見られる。微細化については、2009 年頃までは約 3 年ごとに 0.7 倍（30% の微細化）で進んできた。しかし、次のグラフでも分かるように 32nm プロセス以降で微細化がペースダウンしている。

　微細化を妨げる要因としてまず挙げられるのが、集積回路上のトランジスタにおける漏電（リーク電流）である。トランジスタはスイッチのように機能するが、サイズが微細になってくると漏電が生じてその機能を果たさなくなる。

　また、回路図を半導体ウェハーにプリントするフォトリソグラフィの解像度の限界や、完成した半導体チップの歩留まり率の低下なども微細化の進行に壁となって立ちはだかってきた。

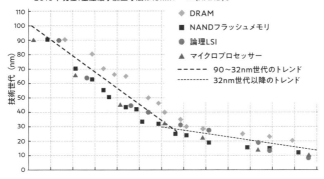

微細化は 32nm 以降にペースダウン

出典：https://xtech.nikkei.com/dm/article/MAG/20150306/407702/

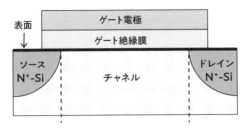

集積回路上のトランジスタの構造。ソースとドレイン間の距離が短すぎるとリーク電流（漏電）が生じスイッチの機能を果たさなくなる。

出典：岩井洋『半導体微細化ロードマップの終焉とその後の世界』
https://semicon.jeita.or.jp/STRJ/STRJ/2015/2015_08_Tokubetsu_v2.pdf

3D（立体）化による集積度の向上

　微細化のペースダウンを迎えてなおムーアの法則が成立し続けているのは、それに抗う技術の進歩による。2000 年以降に登場した新技術では、従来の平面的なプレーナー構造とは違い、トランジスタが基板上にせり上がる「FinFET」やその発展形の「Gate All Around（GAA）」、ゲート電極やゲート絶縁膜の素材の変更による漏電の抑制が微細化の進行に貢献した。さらに、「フォークシート」「CFET」というトランジスタの新構造についても研究が進められている。

　また、フォトリソグラフィの光源に波長の短い EUV（極端紫外線）を使う「EUV リソグラフィ」が実用化したことで、

さらなる微細化とムーアの法則の延命が確かなものとなった。

　一方、NANDフラッシュメモリでは微細化のペースが停滞しかけていたところ、チップの構造を積層状に3D（立体）化することで再び集積度の増大が進行中である。最初、サムスン電子が3D NANDフラッシュメモリを製品化したときには24層だったものが、2023年現在、最大236層まで増大している。また、試作品段階だが321層のNANDフラッシュメモリを韓国のSKハイニックスが開発しており、2025年に量産開始すると発表している。

　なお、DRAMの3D化として、チップを積層させて相互配線する3次元実装が行われている。そして、マイクロプロセッサでは2.5D実装として、機能ごとに分割された複数の半導体

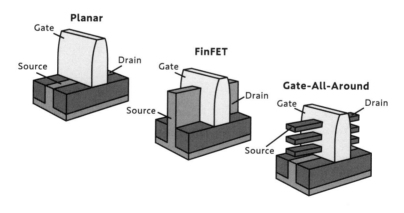

トランジスタの新しい構造。左から従来のプレーナー構造、FinFET構造、Gate All Around（GAA）構造。

出典：Semiconductor Engineering

チップを基板上で集積させる方法が主流化しつつあり、歩留まり率の向上に大きく寄与している。こうした、3D化による集積度の増大は一部で「ムーアの法則2.0」と呼ばれている。

ムーアの法則の3つの延命説

　微細化に関しては2023年現在、2nmプロセスを巡る競争が繰り広げられており、2030年代に1nmプロセスが実現すると予想されている。では、果たしてその後もムーアの法則は延命し続けるのだろうか？

　ムーアの法則の延命説には主に、「More Moore（モアムーア）」「More Than Moore（モアザンムーア）」「Beyond CMOS（ビヨンド・シーモス）」の3つがある。

　まずMore Mooreはすでに説明したトランジスタ構造の変更や新材料の導入、3D化による集積度向上を指している。EUVリソグラフィ装置のさらなる技術的進化もこれに該当する。

　一方、More Than Mooreは集積回路上にセンサーや通信用のアナログ信号の変換回路などを搭載することにより、半導体チップの付加価値を高めることを指す。集積度の増大だけに注目するのではなく、チップ自体の性能向上を目指す考え方である。

　最後のBeyond CMOSは、現在主流のCMOSトランジスタ

とは異なる素子で置き換えることを指す。これには、これまでのトランジスタ技術の延長線上にある技術のほか、将来的には電子のスピンや原子の動きを利用した技術も検討されている。

ムーアの法則の60年後の到達点

　原子よりも小さい回路を作ることはできないので、いずれ微細化の限界がくるのは確かである。しかし、ムーアの法則は集積度の増大についての法則であり、微細化の限界がきてからも延命する可能性はある。インテルで先進的な半導体研究を行ったことで知られるジム・ケラーは、2019年の講演の中で、Gate All Around構造のトランジスタの積層化により集積度を約50倍にできると予測している。

　では、今後もムーアの法則が延命するとして、この法則が提唱されてから約60年が経った現在から、さらに60年後の未来の集積度について試算してみるとどうなるか。これは、ひとつの思考実験であり、どのような技術によって実現するかという点は考慮しない。

　集積回路の集積度が2年で2倍になるというムーアの法則が60年間継続した場合、60年後には2^{30}倍＝10億7374万1824倍となる。これをマイクロプロセッサで考えると、2023年現在におけるハイスペックパソコン用プロセッサ「Apple M2 Ultra」には1340億個のトランジスタが搭載されている

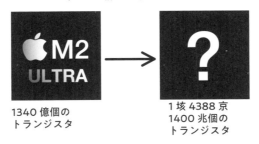

60 年で 2^{30} 倍 ＝10 億 7374 万 1824 倍

1340 億個の
トランジスタ

1 垓 4388 京
1400 兆個の
トランジスタ

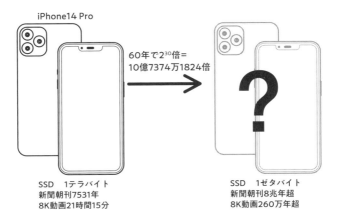

iPhone14 Pro

60年で2^{30}倍＝
10億7374万1824倍

SSD　1テラバイト
新聞朝刊7531年
8K動画21時間15分

SSD　1ゼタバイト
新聞朝刊8兆年超
8K動画260万年超

　ので、60 年後のハイスペックパソコンのプロセッサには 1 垓 4388 京 1400 兆個のトランジスタが搭載されることになる。
　これでは桁が大きすぎてピンとこないので、次にストレージで考えてみる。2023 年 8 月現在の iPhone の最上位機種

「iPhone14 PRO」には最大 1 テラバイト（Tbyte）の SSD を搭載可能だが、これは日本語の新聞の朝刊に換算すると約 7531 年分となる。この段階ですでに途方もない容量と思えるが、これが 60 年後に 2^{30} 倍になったとすれば、容量は 1 ゼタバイト（Zbyte）[※] となり、新聞朝刊 8 兆年分を超える容量となる。

　だが、これでも桁が大きすぎてよく分からない。そこで 8K 動画の録画で考え直すと、1 テラバイトでは約 21 時間 15 分の録画が可能で、1 ゼタバイトでは 260 万年以上の録画が可能ということになる。依然として把握できないほど大きな数だが、ムーアの法則が 60 年延命するとそれくらい膨大な容量になるということである。

Keyword

【1 ゼタバイト】データ容量の単位では、テラバイト（Tbyte）の 1024 倍が 1 ペタバイト（Pbyte）、1 ペタバイトの 1024 倍が 1 エクサバイト（Ebyte）、1 エクサバイトの 1024 倍が 1 ゼタバイト（Zbyte）となる。

自動運転で理解する AI の到達点

　ムーアの法則が 60 年継続した場合、AI の進化はどういう領域まで到達しているのか？　これについては、現在実用化が進

む AI による車の自動運転を例に考えるとよい。

　自動運転の試みが始まるずっと以前から、車にはマイコンと呼ばれるコンピュータがエンジン、ブレーキ、ABS、AT、エアバッグなどの制御に用いられており、高級車では百数十個ものマイコンが組み込まれている。これらは、人間の運転をサポートするものであり、そのサポートの割合を最大限に大きくしたものが AI による自動運転ということになる。

　自動運転技術の開発は 2015 年頃にブームとして盛り上がったが、テスト走行中の自動運転車が歩行者の死亡事故を引き起こすなどの問題が生じたことから開発撤退が相次ぎ、現在アメリカで開発に力を注いでいるのは、ゼネラルモーターズ傘下の「クルーズ」、グーグル系列の「ウェイモ」、そしてイーロン・マスク率いる「テスラ」の 3 社となっている。

　すでにアメリカのいくつかの都市では無人の自動運転タクシーの営業が行われているが、オペレーションセンターにいる人間のスタッフがタクシーをリモートで常時監視しており、完全に AI 任せというわけではない。こうした監視が必要なのは、自動運転タクシーが道路工事などのイレギュラーに対応できなかったり、何らかの理由により道路上で突然停止したりしてしまうからである。しかし、イベント開催などによりモバイル通信が逼迫した状況で、オペレーションセンターからのリモート監視ができないケースもあった。

　こうしたことから、安心して自動運転を利用できるようにな

るには、AI が自律的にあらゆるイレギュラーに対応でき、リモート監視の必要がなくなる段階までいく必要があるといえる。搭乗者は目的地を告げるだけで、あとは自動運転の AI にすべて預けられるというのがひとつの到達点である。

　自動運転以外の AI もこれと同じことで、ユーザーである人間が目的だけを伝えれば、その後のすべてを預けられるというのが、最終的な到達点だと考えればよい。第2章で私は、「AI（人工知能）＝人間の考える行為を一部代行する機械」と定義したが、AI の到達点においては一部ではなくほとんどを代行することになる。

　現在の ChatGPT などの生成 AI を自動運転にたとえるなら、生成結果がまだ危ういところがあるので、いまだ人間の運転手の同乗が必要な段階といえる。また、法律関係やプログラムなど、語彙が一義的な分野において精度の高い回答を得られることは、突発的な道路工事やほかの車の事故といったイレギュラーがない道路での、目的地までの安全走行に該当する。イレギュラーさえなければ、自動運転も生成 AI もかなり使えるものになっているといってよい。

　一方、航空機の自動運転（オートパイロット）はほぼ完成段階にあり、現在、パイロットが手動で操縦するのは 10 分にも満たない。これは、空の上や空港の滑走路は道路上よりもイレギュラーが少ないからである。天候は不確定要素ではあるが、天気予報や気象レーダー等により対処できる。

AI の発展可能性と限界

　人間が目的を告げるだけで、そのほかのほとんどすべてを AI に預けるには、膨大な情報を学習できる演算能力がコンピュータに要求される。そしてその鍵は、ムーアの法則の延命である。より高速なマイクロプロセッサやより大容量のメモリによりコンピュータは、理論的には人間の脳に近づいていき思考のほとんどを代替できるようになる。

　ただし、膨大なデータを扱うようになると、その伝送速度も併せて向上していかなければならない。バスと呼ばれるコンピュータ中のデータ伝送路、屋内のネットワーク LAN（Local Area Network、ローカルエリアネットワーク）、インターネットなどにつながる WAN（Wide Area Network、ワイドエリアネットワーク）などデータの伝送路における速度も向上していかないことには、高速・大容量なコンピュータの能力を十分生かせないからである。

　人間の考える行為のほとんどを AI に預けられるのが最終的な到達点であるとして、その先にさらなる発展可能性があるとすれば、全人類が人生において体験する物事をすべて記録して学習した、万人のニーズに応える汎用 AI がそれにあたる。

　ただし、その究極の AI にも限界はある。コンピュータはデジタル回路により四則演算や比較演算、論理演算を高速に行うが、人間の脳はアナログで機能しており、情動や美的感性、

ひらめきなどはデジタルでは再現できない。さらに、人間は1日2000キロカロリーほどで機能するが、コンピュータが人間の思考に相当する演算を行う場合は膨大な電力を必要とし、その発熱量も無視できない。

　現在、データセンターでは廃熱を住宅等の暖房に利用する動きも見られるが、危惧されている地球温暖化を考えると看過できない問題である。人間は疲れもするが、少ないエネルギーで複雑な思考が可能であり、コンピュータがどこまでそこに近づけるかという点がAIの発展可能性と限界の境界を決める。

　また、ムーアの法則が60年後まで延命して、全人類が人生において体験する物事をすべて学習したAIが可能となったとしても、膨大な電力を消費してまでそれを行う価値があるのかという命題がAIの発展可能性に立ちはだかる。少なくとも、AIにやらせるより人間にやらせたほうがコスト面でメリットがある分野においてAIが普及することはないはずである。

シンギュラリティはこない

　AIの成長発展性と限界について触れた流れで、コンピュータが人間を超える日がくるとする「シンギュラリティ」についても触れておく。これは、アメリカの未来学者で人工知能学者のレイ・カーツワイルが2005年に、著書『ポスト・ヒューマン誕生　コンピュータが人類の知性を超えるとき』(NHK出版)

の中で提唱した概念であり、コンピュータが人間の知性を超えるシンギュラリティ（技術的特異点）が 2045 年にくるという主張である。

　カーツワイルは、AI が自らを超えた AI を作ることができるようになると、自律的に急速な進化がもたらされ人間を超えると考えた。こうした AI の進化を恐れる声はほかにも挙がっており、理論物理学者として著名なスティーブン・ホーキングは 2014 年のインタビューで、完全な人工知能が開発されたら、それは人類の終焉を意味するかもしれないと述べている。

　カーツワイルは、「技術の進歩は指数関数的に進化する」とする収穫加速の法則を提唱している。つまり、技術革新においては、イノベーション同士が結びつくことにより 1+1 が 2 ではなく、3 にも 4 にもなり、加速的な進化が起きてくるということである。

　これに従えば、それによりシンギュラリティは近いともカーツワイルは主張している。

　収穫加速の法則はムーアの法則という形で実現しており、これ自体は決して間違いではない。しかし、彼のいうシンギュラリティはこないと私は考える。AI ＝人工知能は、"自然知能"ともいえる人間の知能とは平行線の存在であり、両者はどこまで行っても交わらない。

　前述、第 1 章の通りで、またそのくり返しになるが、自然界でもたらされているあらゆる事象はアナログ的存在で、唯一

無二である。一方、デジタルは効率実現を目的とし、事象を類型化するための手段として用いられているのであり、そもそも次元が異なるのである。従って、AIが人間を超える／超えないという議論自体がそもそも的外れなのである。

　人間の知能は進化の過程で自然に生じたものだが、AIは人間が作った人工の知能である。つまり、自律的に動作しているように見えても、それは事前にプログラムされた四則演算、比較演算、論理演算などで処理しているのであって、自らの意思を持たない。また、AIが新たなAIをプログラムすることが可能であっても、それを可能とするプログラムは人間が作らなければならない。

　人間がハードウェアとソフトウェアを用意し、それを実行する命令があって初めて動作するのがAIであり、あくまでそれは主体性のないツールでしかない。車の動力でたとえると、AIは思考を回転させるエンジンの働きをもつが、エンジンを動かすセルモーターは人間だけがもっている。

　そのように、どこまでもいっても人間が"主"であり、AIが"従"であるのだから、両者がどこかで交わって立場が逆転するという形でのシンギュラリティはあり得ないといえる。

人間の知能とAIの知能の違い

　AIに意思をもたせることはできないが、ディープラーニン

グにおけるニューラルネットワークの多層化で試みたように、人間の知能の特性に近づけていくことはできる。論理を飛び越えたひらめきや直感、美的感覚、曖昧さを許容する適応力といった、人間ならではの知能の働きの背後に存在する法則性を見いだし、それを再現するアルゴリズムを構築できれば人間の知能に近い AI は可能である。

　あるいは、デジタルではなくアナログで演算するコンピュータが登場すれば、人間の知能に近づくとも考えられる。だが、その場合、ここまで進化してきた集積回路の技術は使えず、デジタルでない以上、従来のアルゴリズムの考え方も通じなくなる。

　ただ、それ以前の問題として、"人間の知性とはそもそもどういうものか"という点の検証も必要となる。ひらめきや直感などの正体は脳科学分野でもまだ答えが出ていないため、まずは人間の脳と知能についての研究の進展が先決である。

　人間の知能が何であるかについて答えが出ていない段階で、コンピュータが人間を超える／超えないという議論をしても空理空論にしかならず、その意味でもシンギュラリティ説には検討するだけの価値はない。

　なお、ChatGPT など生成 AI の進化を見て、「まるで人間のようだ」と評価する声が挙がっているが、私はむしろ人間のほうが適応力を発揮して AI に合わせているように思える。プロンプトの工夫などはその最たるものであり、「ChatGPT がすご

人間	AI
自然知能＝自然発生した知能	人工知能＝人間が作った知能
アナログ	デジタル
曖昧さを許容	０か１
論理を超えたひらめき・直感をもつ	プログラムの範囲で考える
主	従
目的	手段・ツール
車の動力にたとえると…… セルモーターとエンジン	車の動力にたとえると…… エンジンのみ
自らの意思で生存	自らの意思をもたない

人間と AI の違い

い」と声高に主張している方ほど、ChatGPT の人間らしくない点を見ないようにしていると感じる。

すでに AI が人間を超えている分野は存在する

　すでに述べたように人間と AI は根本から異なる性質のものであり、どちらが優れているか比較できるものではない。しかし、分野を絞って考えると AI のほうが優れているケースは存在する。たとえば、高速な演算を大量に必要とする分野に関しては AI のほうが優れており、すでに人間を超えている。

　第２章でも触れたように、チェスや将棋、囲碁では膨大なパターンを演算できる AI がすでに人間を超えてしまっている。

また、電力を供給する限り、AI はどこまでも演算を続ける。これは休息を必要とする人間には真似できない。

　そのように機械が人間を超えている分野は AI に限らず、車や飛行機などすでに数多く存在するが、人間が機械に支配されるという問題は生じていない。あくまでも人間が"主"として、"従"にあたる機械をツールとして使っているだけである。また、機械に感情はないので長時間休まないで使ったとしても、人間に反逆心をもつこともあり得ない。

プレシンギュラリティはすでに起きつつある

　シンギュラリティに関連して、汎用 AI の研究者である齊藤元章は「プレシンギュラリティ」という概念を提唱している。シンギュラリティが「技術的特異点」を意味していたのに対し、プレシンギュラリティは「社会的特異点」を意味しており、コンピュータの飛躍的な性能向上によって、2030 年頃に社会的システムの大きな変化が起きると予想している。

　プレシンギュラリティ説では、衣食住や生活必需品、エネルギーが無料になって人間が働く必要はなくなり、健康維持と不老が実現し、戦争がなくなると予想されている。この予想内容はともあれ、蒸気機関の発明による第 1 次産業革命で生じた社会システムの変化に相当する変化が、これから AI によって起きてくることは想像に難くない。

その過程で失業者が出てくることは確かであり、その意味では、すでにプレシンギュラリティが起きつつあると考えてもよい。しかし、これは AI を有益なツールとして活用し、人間は人間にしかできないことに専念できるようになるための変化ともいえる。そこは人間側がどういう価値観をもち、どういう選択をしていくかという話でもある。

　事実、第 1 次産業革命以来、技術的進歩による社会的システムの大きな変化は繰り返し起きており、社会全体としてはそれに対応して、人間にしかできないことの価値を高めてきた歴史がある。

　また今後、AI にほとんどを預けられる仕事が出てくる一方で、マイクロソフトがいう「Copilot（コパイロット、副操縦士）」の役割にとどまる分野や、人間でなければできない分野も残っていく。医療でたとえるなら、ルーチンワーク的に行える健康診断はほぼ AI に任せ、異常が見つかればそこからは人間の医師が引き継ぐといった分業体制になっていくと予想される。

AI の進化と退化

　AI が進化してくると、それに反比例して衰退していく物事もある。たとえば、マイクロプロセッサやメインメモリの性能向上により、演算速度やメモリ容量を気にしながらプログラムする必要がなくなってくると、プログラマーの技術レベルは必

然的に衰退していく。マイクロプロセッサやメインメモリの挙
動まで考えてプログラムのチューンアップをする必要がないの
で、機械語に近いアセンブリ言語を扱えるプログラマーも少な
くなっている。

　さらに、AI が製品に使えるレベルのプログラミングをでき
るようになると、プログラマーの仕事は AI への指示とチェッ
クが中心となる。多くの人にとってプログラミングが身近にな
る一方、プログラマーの技術レベルの衰退は避けられない。

　同様に、先に挙げたような AI に置き換えられる職種も、人
間の職業としては退化していくと捉えることができる。

AI 時代でも不変なもの

　本章の後半では AI の成長可能性と限界、そして進化の一方
で生じる退化を語ってきた。しかし、そうした変化とは離れた
ところで不変であり続ける物事もある。これは AI に限ったこ
とではなく、どんな分野であれ、変化の一方で不変のものもあ
るのが理（ことわり）といえる。

　たとえば、人間が"主"であり、人間が作り出したツール
は"従"でしかないという関係は最先端の AI の世界でも不変
の事実である。仮に AI が何らかのトラブルを起こすとすれば、
それは作った人間か使う人間に問題があるということになる。

　また、人間の感情のありようは時代がどのように変化しても

変わらない。当たり前のことだが、AI時代になったからといって、感情までAIが代替するわけではない。

　一方、AI時代に情報の扱い方が変化してくるのは必然だが、情報そのものの特性は不変である。情報の特性にはいくつかあるが、まずそのひとつ「不可逆性」はいったん発信した情報は発信しなかったことにはできないということ。また、次に「同時消費性」は発信した情報は全体に消費が行き渡ってしまい、全体ではなくその一部だけを消費してもらうことはできないことをいう。これらはIT技術がいかに進化しようと不変の事実である。

　情報リテラシーの重要性も今に始まったことではなく不変のテーマといえる。インターネット経由の情報ばかりでなく、メディアの報道も、あるいは口伝えの情報も含め、どんな情報も丸のみにはせず多角的に検討してみる姿勢はいつの時代でも必要とされてきた。

　また、ソフトウェア業界において以前は「Garbage In Garbage Out（GIGO）」という言い回しもよく聞かれた。これは、「ゴミをインプットするとゴミがアウトプットされる」という意味であり、ChatGPTのようにインターネットから学習したAIが普及する時代にあって、重要な考え方として決して忘れてはならないことだ。ただし、第5章の最後でも述べたように、経営においては自社に必要のない情報はすべてゴミと割り切るべきであり、誤情報だけをいうものではない。

　なお余談になるが、私が経営コンサルティングに際し、顧客先企業に対して、経営資源としての情報の重要性を説くときは、「オリジナル情報の収集に対して投資することが利益極大化に繋がる」という話をしている。ここで大事なことが2つあり、その1つは集める情報が自分にとって有益な耳寄り情報であること、もう1つがそこへ「投資」をすることである。自社にとって有益な情報を集めることは言うまでもないが、その際の情報収集のあり方として、「オリジナル情報」即ち、独自性があり、独創的である情報による情報資産の形成においては情報収集へ投じた資金が経費ではなく「投資」であることを明確に認識する必要がある。結果として、経費は期間収支に寄与することで終わるが、投資はリターンを生み続けるのである。ともかく、経営において、どの情報がゴミでどの情報が利益をもたらすのかを見極めることの重要性はやはり不変である。

　経営における不変についてもうひとつ、何事も「自身のビジネスありき」即ち、自社への貢献の有無で考えるべきということを挙げておこう。ChatGPTなどの生成AIを導入するかどうかを検討するときは、利益を生むかどうかだけを考え、そこからブレてはならない。そして、そこを見極めて意思決定できるのは経営者しかいない。本書はその参考になるべく書かれてはいるが、やはり鵜呑みにはしないで、最終的には自身の頭で考えてほしい。

おわりに

　私がプログラマーになった1970年代半ばのソフトウェア開発環境と、現在の開発環境を比較した時、最も違いを感じる点は、プログラミングにおいて最優先で配慮すべきことの変化である。当時のプログラマーに求められていたのは、限られているメモリ領域をいかに節約するかということが最優先事項だった。

　当時、民間の大型汎用コンピュータのメインメモリは32〜64キロバイトであり、大型機でも128キロバイト程度でしかなかった。その限定されたメモリ領域へアセンブラなどのプログラム言語を機械語に変換してロードモジュールとしてメモリに展開したときに、可能な限り少ないメモリで解が求められるロジックを組むことを常に意識してプログラミングを行っていた。論理演算や四則演算の計算式を、よりステップ数の少ないロジックでプログラミングすることが、結果的に処理速度の向上につながりもしたのである。

　そうした制約されたメモリ領域と、もうひとつ現在とは比べ物にならないほど処理速度が遅いマイクロプロセッサの演算処理速度のもとでの開発作業の中で、「こうなればいいな」と常に思い描いていたことが、この約半世紀の間ですべて実現し、現実と化している。

　これまでの約半世紀を思うと、この先の半世紀に何が実現し

ていくのか、正確なところは誰にも分からないだろう。しかし、さらに加速度的に進化していくことは間違いない。反面、この約半世紀の間で何ら変わらぬ不変の事象や、進化の一方で退化した事象があることも事実であり、そこは正しく認識しておきたい。

　不変の事象とは第6章で述べた、「Garbage In Garbage Out（GIGO）」＝「ゴミをインプットするとゴミがアウトプットされる」といった情報の特性や、人間に備わっている思考の仕組みを模したデータフローである「Input（インプット）→ Processing（演算）→ Output（アウトプット）」をベースにして、CPUを中心に、内・外部メモリ、入・出力デバイス、それにI・Oコントローラーなどをバスで繋いで構成されている現代のコンピュータアーキテクチャの基本的概念になっているノイマン型コンピュータの設計思想などである。

　コンピュータや、そのもとで進化を遂げてきたAIを利用目的達成の手段として用いるときに大事なことは、進化し退化する事象と不変の事象とを見極めることである。便利さを求め、完全自動化へ進もうとしているAIの現状において、我々が留意すべくは新規性のある話題に浮かれることなく「不変性」を念頭に置き、常に自らのビジネスに照らして地に足をつけて現実に臨んでいくということであり、そうした姿勢を忘れないでいただきたいと強く願っている。

　本書ではChatGPTの話題を導入にして、集積回路の集積度

の増大を主軸としたストーリーでコンピュータと AI の歴史を紹介し、AI の現在地点の解説と近未来の予想を紹介した。さらに、経営や管理、そして日常業務において AI をどう取り入れるかという方法論のほか、集積回路の集積度の増大を法則化した「ムーアの法則」がこのまま延命した場合の、コンピュータと AI の最終到達点についても予想してみた。

こうした本を著しておかなければならないという動機は、私が初めてコンピュータに触れた約半世紀前から現在までの流れを振り返ったときに、ChatGPT など生成 AI の出現は別に突然

1970 年代、当時に書いたプログラムリスト

変異的なものではなく、むしろ必然的なものであってひとつの通過点でしかないということに思い至ったことから生まれた。

　生成 AI の登場が、インターネット登場と同じくらいのインパクトをもつのは確かであるが、私たちの生活にインターネットが溶け込んでいるのと同様、生成 AI も当然のものとして受け入れられるようになっていく。そこに飛躍的なものは何もなく、生成 AI で一発逆転するといった浮ついた話でもない。

　残念なことに世の中では ChatGPT をきっかけに浮ついてしまっている企業も多く、これでは目先のブームに踊らされて経営者としての"魂"まで奪われてしまいかねない。経営者としての"魂"とは、「何事も自身のビジネスありきで考えるべき」ということであり、つまるところ経営者として真剣に考えるべきことは、ChatGPT のことなどではなく、自らのビジネスで必要とし形成すべき情報資産は何なのかである。それを考えることで、結果的に ChatGPT の必要性も見えてくるのだ。こうしたことが企業経営における不変の事象であり、企業経営者として当たり前に具備すべきことなのである。

　ChatGPT のブームを煽るような本の出版が相次ぐ中、それに異を唱える本書の内容に共鳴し、世に問うことをお手伝いしていただいた株式会社現代書林様と、ご担当いただいた 3 名のスタッフ、浅尾浩人様、桑田篤様、杜聡一郎様には感謝してもしきれない思いである。この場を借りて改めて御礼申し上げたい。

本書の存在が経営や管理、それに日常業務に携わる方や、コンピュータ産業や AI の専門家の方、加えて、半導体産業の再起が叫ばれる中、その技術の担い手として期待される特に将来ある高等専門学校（高専）の学生さんなどに副読本にしていただくなど、この本を手にされた方々にとって何かしら寄与するところがあれば幸甚である。

　2023 年 11 月 30 日

経営コンサルタント　今井豊治

著者プロフィール

今井豊治（いまい・とよじ）

1955年、長野県生まれ。1970年代、社会人となり最初に就いた職業がコンピュータプログラマーである。その後、SE、プロマネ、システムコンサル、IT コンサル（以上、IT 業界の略称表現）などを経験し、現在、経営コンサルタントとして顧問業を営む。今日まで約50年間コンピュータと共に歩む。執筆、講演実績多数あり。中小企業診断士（旧・情報部門）、IT コーディネーター、社会保険労務士有資格者などの資格を持つ。株式会社チャイナ・グローバルコンサルティング代表。櫻井興業株式会社最高顧問。CES 中電株式会社（東京・北京）取締役・顧問。株式会社アイモーション（東京・那覇）顧問。Hittites Travel Transport,LLC（ニューヨーク）顧問ほか、国内外11社の取締役、監査役、CIO などを兼務。

【所属団体・資格等】

一般社団法人 沖縄県中小企業診断士協会 正会員

一般社団法人 香川県中小企業診断士協会 正会員

一般社団法人 東京都中小企業診断士協会 正会員

特定非営利活動法人 IT コーディネーター協会 認定

一般社団法人 四国八十八ヶ所霊場会 公認先達

一般財団法人 明治神宮崇敬会 本部直属会員など

私的研究会「ハイリスク・ハイリターン経営を実践する
　　　　　あぶない橋を渡ってゆく会」主宰

私的同好会「ポルシェ 999 クラブ」主宰

AI の未来予想

2023年12月27日　初版第1刷

著　者………………… 今井豊治

発行者………………… 松島一樹

発行所………………… 現代書林

　　　　　　　　　　　〒162-0053　東京都新宿区原町 3-61　桂ビル

　　　　　　　　　　　TEL ／代表 03(3205)8384

　　　　　　　　　　　振替／ 00140-7-42905

　　　　　　　　　　　http://www.gendaishorin.co.jp/

ブックデザイン・図版… 岩泉卓屋（IZUMIYA）、株式会社グラシア

編集協力………………… 桑田篤（株式会社グラシア）

印刷・製本：(株) シナノパブリッシングプレス　　　　　定価はカバーに
乱丁・落丁本はお取り替えいたします　　　　　　　　　表示してあります

ISBN978-4-7745-1995-1 C0034